姜良杰 · 主编

新时代大学生社会实践活动指南

XINSHIDAI
DAXUESHENG SHEHUI SHIJIAN HUODONG ZHINAN

时 事 出 版 社
北京

本书是 2018 年教育部思想政治工作司第二批高校思想政治工作精品项目“‘绿色电力’新能源科技教育扶贫服务行动”的成果。

《新时代大学生社会实践活动指南》
编委会

序

习近平总书记在2018年全国教育大会上指出：要努力构建德智体美劳全面培养的教育体系，形成更高水平的人才培养体系。要把立德树人融入思想道德教育、文化知识教育、社会实践教育各环节，贯穿基础教育、职业教育、高等教育各领域。

党和国家历来十分重视大学生社会实践。2004年10月，中共中央、国务院印发的《关于进一步加强和改进大学生思想政治教育的意见》中就明确指出：社会实践是大学生思想政治教育的重要环节，对于促进大学生了解社会、了解国情、增长才干、奉献社会、锻炼毅力、培养品格，增强社会责任感具有不可替代的作用。2012年1月，《教育部等部门关于进一步加强高校实践育人工作的若干意见》对高校实践育人的重要性进行了深刻阐述，对统筹推进高校实践育人工作进行了具体部署，为加强高校实践育人工作提供理论支持和决策依据。2013年12月，中共中央办公厅印发的《关于培育和践行社会主义核心价值观的意见》进一步明确“注重发挥社会实践的养成作用，完善实践教育教学体系”，“打造大学生校外实践教育基地”。

随着中国特色社会主义的不断发展，社会观念、社会形势、青年面貌发生复杂且深刻的变化，国家和社会对青年人才的需求也随之转变。高等教育不断顺应时代发展趋势，紧密围绕青年成长成才目标，创新社会实践方式方法，拓展社会实践渠道功能，推动青年学生增强政治意识、增强实践本领、肩负时代使命，为中国特色社会主义事业培养合格的建设者和接班人。

因此，在新时期新阶段，为充分发挥社会实践在大学生培养过程中的作用，笔者结合 20 多年从教经验，以教育部高校思想政治工作精品项目“‘绿色电力’新能源科技教育扶贫服务行动”为依托，基于大量社会实践实际经验和统计数据，编写这本社会实践的参考用书，为大学生社会实践工作做一份贡献。本书从社会实践的背景、意义、历史等角度出发，按照社会实践开展的逻辑顺序，概括了社会实践进行过程中需要准备及注意的事项，并归纳了社会实践成果总结和评比评优的方法流程。通过对教育部高校思想政治工作精品项目“‘绿色电力’新能源科技教育扶贫服务行动”的研究和本书撰写，笔者意识到现阶段大学生社会实践的普遍情况与自我预期的差距，也对社会实践中存在的问题和不足有了更加深刻的认识。希望本书作为大学生社会实践不断发展中的一种见证，为各位同仁提供完善思考的基础，探索出更多社会实践的好办法，一起为我国的教育事业作出更大贡献。

前　　言

《中华人民共和国高等教育法》规定了我国高等教育的基本方针是教育与生产劳动相结合，基本任务是培养具有创新精神和实践能力的高级专门人才。综合当前社会需要和学生实际，为更好实现高等教育目标，有必要进一步加强大学生社会实践工作，更加突出社会实践在“三全育人”中的重要作用。

社会实践是高等教育过程中将教育与劳动结合起来的重要手段，是推动学生学以致用，服务社会的良好渠道，开展立意高远、内涵丰富的社会实践活动对思想政治教育的开展也具有积极作用。大学生处在一个相对稳定固化的学术环境中，接受的社会磨炼相对较少，如果长期“两耳不闻窗外事，一心只读圣贤书”，就会和社会实际产生严重脱节，在毕业择业时不知所措。因此，大学生需要在学习之余，开展多种多样的社会实践，为将来服务社会开展工作打下基础。

改革开放以来，党和国家多次就大学生社会实践问题下达通知，不断强调社会实践在高等教育中的重要作用，这极大地推动了社会实践的发展。党的十九大以来，中国特色社会主义进入新时代，习近平总书记也在多个场合对社会实践工作作出重要指示，推动当代大学生社会实践工作取得新的历史性突破。

当前，社会发展日新月异，学术理论更新迭代，国家和社会对大学生应用专业知识服务提出了更高要求，但现阶段的社会实践还存在诸多问题：部分社会实践流于形式，成为加分工具；部分社会实践没有实际意义，沦为纸上谈兵；部分社会实践是以往的简单重复，在低水平徘徊；部分社会实践管理不善，成为集体出游；部分社会实践虎头蛇尾，结论缺失；部分社会实践缺乏组织，没有达到设计成果等。

社会实践理论研究方面，大量论文专著对社会实践的理论基础、意义影响、作用逻辑等方面进行了深入研究，不少高校也专门制作指导手册对社会实践的具体操作进行指导，但大学生在实际开展社会实践的过程中参考学术论文或理论专著的概率较小，各个高校社会实践负责部门的指导程度也不尽相同，这些都需要一种既能对社会实践整体进行理论概括，又能对实际开展中的问题进行指导解答的参考资料。笔者结合多年从事学生工作的经验，将长期的社会实践组织、指导、评审经验融进本书，探索性地对社会实践理论和开展方法进行梳理整合，希望对今后的大学生社会实践工作起到一定的推动作用。

本书第一章对社会实践活动进行了概述，整理了习近平总书记及各级领导、各个部门对社会实践的重要论述和政策通知，对社会实践的概念和发展进行了梳理，阐释了社会实践的作用和价值。第二章从社会实践的立项角度，介绍了社会实践的种类和内容，梳理了社会实践的常见选题和对应要求，并对社会实践的立项申报过程进行了讲解。第三章从社会实践的准备筹划出发，列举了社会实践的组织基础和社会实践顺利开展所需的技能。第四章重点介绍了社会实践的实施过程，包括社会实践前、实践中的相关工作，以及实践注意事项等。第五章主要讲解了社会实践成果的总结评价，包括社会实践总结材料的撰写和社会实践的评价流程。

全书最后，也附带了社会实践的优秀案例和有关材料，为读者便捷地开展社会实践提供参考。

本书在撰写过程中，引用了诸多专家学者的研究成果和大学生朋友的社会实践事例。在对社会实践的全过程研究中，本书也得到了华北电力大学有关部门和领导的大力支持，校内学生也为研究的开展提供了丰富的信息，在此一并表示深深的感谢！至于书中存在的不足、不当甚至谬误，敬请专家学者、高校教育工作者、大学生朋友和广大读者不吝批评、指正！

目　录

第一章

大学生社会实践概述

第一节 大学生社会实践的指导理论

一、习近平总书记关于社会实践的重要论述

在党的坚强领导下，全面贯彻党的教育方针，坚持马克思主义指导地位，坚持中国特色社会主义教育发展道路，坚持社会主义办学方向，立足基本国情，遵循教育规律，坚持改革创新，以凝聚人心、完善人格、开发人力、培育人才、造福人民为工作目标，培养德智体美劳全面发展的社会主义建设者和接班人。[①]

——2018 年 9 月，习近平总书记在全国教育大会上的讲话

---

① 《坚持中国特色社会主义教育发展道路 培养德智体美劳全面发展的社会主义建设者和接班人》，人民网，2018 年 9 月 11 日，http：//edu. people. com. cn/GB/n1/2018/0911/c1053 －30286253. html。

在理论和实践的结合中，教育引导学生把人生抱负落实到脚踏实地的实际行动中来，把学习奋斗的具体目标同民族复兴的伟大目标结合起来，立鸿鹄志，做奋斗者。①

——2019 年 3 月，习近平总书记在学校思想政治理论课教师座谈会上的讲话

要坚持理论和实践相结合，注重在实践中学真知、悟真谛，加强磨练、增长本领。②

——习近平总书记在 2022 年春季学期中央党校（国家行政学院）中青年干部培训班开班式上发表重要讲话

要立足党的事业后继有人这一根本大计，牢牢把握培养社会主义建设者和接班人这个根本任务，引导广大青年在思想洗礼、在实践锻造中不断增强做中国人的志气、骨气、底气，让革命薪火代代相传。③

——2022 年 5 月习近平总书记在庆祝中国共产主义青年团成立 100 周年大会上的讲话

中国领导人高度重视社会实践，始终坚持教育与生产劳动相结合的方针，同时，理论教育与实践教育相结合也是党的思想政治工作的重要传统。毛泽东同志曾指出："无论何人要认

---

① 《习近平：思政课是落实立德树人根本任务的关键课程》，中国共产党新闻网，2020 年 8 月 31 日，http：//www. gov. cn/xinwen/2020 – 08/31/content_5538760. htm。

② 《习近平在中央党校（国家行政学院）中青年干部培训班开班式上发表重要讲话》，新华社，2022 年 3 月 1 日。

③ 《习近平：在庆祝中国共产主义青年团成立 100 周年大会上的讲话》，中国政府网，2022 年 5 月 10 日，http：//www. gov. cn/xinwen/2022 – 05/10/content_5689538. htm。

识什么事情，除了同那个事物接触，即生活于（实践于）那个事物的环境中，是没法子解决的。”①

毛泽东认为，无论是学习理论知识还是进行思想政治教育工作，都不能脱离实际，要依据客观事实进行，而客观事实需要通过实践总结。高校大学生不仅要在校学习专业知识，还应广泛参与社会实践，与工农群众相结合。毛泽东还提倡在学校办工厂、在工厂办学校，为社会实践与思想政治教育有机结合提供了契机。当前，由于高校学生众多，资源压力较大，在大学校园内办工厂不太现实，但高校可以与生产单位合作，为大学生提供社会实践平台，实现互利共赢。

邓小平同志在1978年全国教育工作会议上指出：“为了培养社会主义建设需要的合格人才，我们必须认真研究在新的条件下，如何更好地贯彻教育与生产劳动相结合的方针。”② 他强调，学生应走出校园，深入社会，参加实践锻炼，这有利于实现我国的教育目标，促进学生成长成才。

江泽民同志在庆祝北京大学建校100周年大会上强调，青年学子应坚持学习书本知识与投身社会实践相统一。③ 书本知识要发挥实际作用，必须通过实践这个关键环节，脱离实践的理论知识毫无意义，不仅不能体现科学知识的价值，还不利于学生的成长和能力提升。因此，高校应重视实践教学，改革教学方式。

胡锦涛同志多次寄语青年学生，要跟随时代步伐，认真学习党的先进思想和理论，并将其融入社会实践中，在实践中形

① 毛泽东：《实践论》，人民出版社1975年版，第7页。

② 《历史选择了邓小平（95）》，中国共产党新闻网，2018年9月28日，http://cpc.people.com.cn/gb/n1/2018/0928/c69113-30318371。

③ 《江泽民热烈祝贺北大百年华诞》，新华社，1998年5月4日。

成良好的道德行为和习惯，培养坚定的意志品质和高尚的道德情操，提高思想境界。社会实践是青少年接受思想政治教育的有效途径，将二者结合会产生事半功倍的效果。

二、各级相关部门关于社会实践的政策通知

教育部办公厅
关于开展2021年“小我融入大我，青春献给祖国”
党史学习教育实践活动的通知

教思政厅函〔2021〕9号

各省、自治区、直辖市教育厅（教委），新疆生产建设兵团教育局，部属各高等学校、部省合建各高等学校：

为深入学习贯彻习近平新时代中国特色社会主义思想和习近平总书记关于教育的重要论述，更加善用“大思政课”，着力深化实践育人体系建设，通过开展广泛而深入的社会实践，引导广大高校师生学党史、办实事，更加坚定理想信念、厚植爱国情怀、锤炼高尚品德、矢志实学实干，把学习成效转化为奉献国家、服务人民的实际行动，经研究，教育部决定于近期组织开展2021年“小我融入大我，青春献给祖国”党史学习教育实践活动。现将有关事项通知如下。

（一）活动主题

小我融入大我，青春献给祖国

（二）工作目标

紧扣党史学习教育主题，引导高校师生从中国共产党的非凡历程中深切感受马克思主义的真理力量和实践力量。紧扣国

情社情教育，结合对国家战略的实践服务以及深入基层一线的实习考察，进一步增强高校师生对自身所肩负的时代责任的深刻认识。紧扣实践育人模式创新，结合各高校社会实践活动的实际情况，推动思政课程、课程思政与社会实践有机融合。

（三）重点任务

1. 知行结合，深化学习教育成果。围绕学习贯彻习近平总书记庆祝建党百年重要讲话精神，组织高校师生深入红色教育基地、重大历史事件发生地、改革开放前沿阵地，开展形式多样的宣讲报告、座谈交流、文艺汇演、知识竞赛等系列活动。鼓励高校与有代表性的革命纪念场馆等共建实践基地，将思政课实践教学与党史学习教育有机结合，开展现场研学和党史宣讲志愿服务，引导广大师生发扬红色传统、传承红色基因，赓续共产党人的精神血脉。

2. 实学实干，助力国家重大战略。紧扣“十四五”规划和2035远景目标，围绕把握新发展阶段，贯彻新发展理念，构建新发展格局，结合“课程思政”建设，鼓励各省级教育工作部门牵头邀请一批贯彻执行党中央决策部署、服务国家和区域经济社会发展、保障和改善民生、在行业中发挥引领支撑作用的重要企业，以“1对N”的方式与一批高校结对，结合企业特点与学校特色，精心设计实践路线，共同打造实践基地，引导大学生开展下沉式、进驻式的实践锻炼和学习体验。各高校应以校级及以上课程思政示范课为重点，遴选专题实践项目，科学设计实践方案，将实践环节与课程教学有机融合、有效衔接。

3. 奉献服务，深入基层扎根一线。鼓励各高校组织广大师生深入乡村、社区、西部等基层一线，通过推广国家通用语言、义务支教、文化艺术展演、农技培训指导、法治宣传教育、关爱留守儿童等形式，引导广大师生切实服务乡村振兴、中华民族共同体建设，把学习奋斗的具体目标同民族复兴的伟大目标结合起来，用实际行动诠释当代青年的责任与担当。

4. 供需对接，开展重大专项调查。落实立德树人根本任务，开展高校毕业生就业状况跟踪调查。组织高校师生组成实践团队深入用人单位开展毕业生访谈、毕业生业务主管访谈、单位招聘经理问卷调查、毕业生业务主管问卷调查等工作，深入了解不同单位及岗位实际，感知用人单位的实际需求和对大学生的能力素质要求，提高学生职业发展规划意识与能力，形成学生学业与职业双向互动的良性机制，推动高校毕业生实现更高水平更高质量就业。本项工作由教育部高校学生司、全国高等学校学生信息咨询与就业指导中心统筹协调并提供集中培训和技术支持。各地各高校社会实践活动主管部门负责活动组织，就业部门负责协调联络、信息报送、进展督促等。各高校至少组织一个团队参加。具体工作要求将在高校毕业生就业状况跟踪调查网站（dwdc. ncss. cn）公布。

（四）实施保障

1. 做好疫情防控，确保实践过程安全有序。各地各学校要严格遵守当地新冠肺炎疫情防控要求，中、高风险地区不得组织开展社会实践活动，低风险地区在条件允许的情况下，按照“确保安全、就近就便”的原则开展实践。各高校要做好社会实践活动的培训指导和安全教育，抓好过程监管和实时跟踪，实现全过程指导把关。要做好应急预案，迅速及时处置突发事件，充分保障学生的人身安全。广大学生应严格遵守所在实践单位的疫情防控要求和有关管理规定，确保安全有序开展实践。

2. 完善学分学时，强化实践成果应用。各高校要建立完善社会实践学分认定机制，进一步规范落实思政课实践学分要求，在课程思政建设中明确学时学分，并建立标准健全、多方参与、多级评价的社会实践质量监测评估体系。各高校要突出社会实践的结果应用，将学生参与社会实践情况作为评奖评优、升本推研、推优入党等工作的重要依据，根据要求完成社会实践考核和评价工作并记入学生档案。

3. 加强工作组织，优化实践保障机制。各高校应组建由学校分管负责同志牵头，学生工作部门、就业指导部门、教务部门、团委等协同联动的专项工作组，形成齐抓共管的协调联动长效机制，全力保障社会实践的顺利进行。各高校应建立社会实践指导教师选聘和培训机制，组建专业指导团队。每个项目团队应至少配备 1 名专业课教师或 1 名高校党务和思政工作干部担任指导教师。高校应将社会实践指导教师的工作纳入到工作职责和工作考评中。

4. 优化协同联动，打造实践育人共同体。各地各高校应以专业设置、学生需求为导向，积极探索编制社会实践“资源图谱”，依托政府机构、行业企业、乡村社区等建设社会实践基地，打造常态化社会实践项目，形成党委统筹部署、政府扎实推动、社会广泛参与、高校着力实施的实践育人新格局。

5. 注重遴选选拔，推广优秀实践成果。各省级教育工作部门从本地高校（含部委属高校）中遴选不少于 100 个团队（或个人）给予重点支持。社会实践结束后，各省级教育工作部门按照不超过本地区高校（含部委属高校）数量 15% 的比例向教育部思政司择优推荐实践成果。推荐成果应包括文字、图片、视频等材料。相关视频时长不超过 3 分钟，画面清晰，声音清楚，配有字幕；图片不超过 5 张，单张图片文件不低于 1MB；文字材料不超过 2000 字，重点阐述实践项目实施情况、主要成果、特色亮点以及社会价值等。

各地各高校应结合“青春告白祖国”工作，鼓励广大师生通过分享、展示、交流等多种形式宣传实践项目成果。教育部思政司将根据各地推荐情况，结合第六届全国高校“礼敬中华优秀传统文化”系列活动的社会实践项目成果，择优进行推广展示。

第二节　社会实践的概念和发展

一、大学生社会实践的基本概念

人类生产生活的各个领域都充满着丰富的实践活动，生产劳动实践是社会实践的基本形式之一，社会实践是指人类能动地改造自然和改造社会的活动，大学生社会实践是人类社会实践的一个部分。一般地，大学生社会实践是指理论教学以外的各种学习活动，其中包括与社会工作相结合的社会实践，也包括与课堂教学相结合的社会实践。具体而言，社会实践可以指教学计划以外，学生参与到社会中的各种学习活动。

大学生社会实践活动作为一种特殊的实践活动，具有自身的鲜明特征。大学生的社会实践，就是在学校根据其培养计划制定的实践目标指导下，以学校为依托，利用假期深入社会、服务社会、了解社会并从中接受教育，获得启发的活动。

大学生社会实践是大学生接触社会的重要环节，是大学生在成长过程中，培养正确的世界观、人生观、价值观的重要环节，是促进自身全面发展的关键一步。大学生社会实践是培养面向社会、服务人民的社会主义建设者和接班人的必由之路，是将习近平新时代中国特色社会主义思想贯彻落实，培养德智体美劳全面发展的社会主义建设者和接班人的重要途径。

（一）大学生社会实践是社会认知的一部分

大学生社会实践是大学生走向社会的契机。当代社会呈现出高度分工、高速迭代的特点，缺乏工作经验和专业特长的大学生很难通过一般方式在毕业前走向社会获取知识，大学生社会实践作为由学校牵头的活动，为大学生逐步走向社会提供了充足理由和明确主题，在保障层面，协助大学生联系实践对象，有助于提升大学生走向社会的便捷性，更好促进大学生适应社会。

大学生社会实践是大学生认识社会的窗口。社会具有高度复杂性，对尚未工作的大学生而言，通过外部观察或深度融入的手段来认识社会显然不够准确，加之部分大学生的沟通能力较弱，网络信息良莠不齐，对社会的认识可能存在偏差，通过适度的、有条件的社会实践活动对社会进行认识显然是好的方式，通过大学生社会实践，可以在特定领域以小见大对社会进行客观深入的观察，更好提升大学生对社会的认识。

大学生社会实践是大学生进行社会认识的主要渠道。社会实践的开展有别于其他社会认识的渠道，社会实践可以确保大学生在不耽误主要学习任务的前提下，以学校扶持和单位支持为基础，以较低成本实现深度的社会认识，大学生通过社会实践，一方面对所学内容加深认识，另一方面对社会中相关方面增进了解，将会对大学生日后的学习就业产生积极作用。

（二）大学生社会实践是思想政治教育的重要环节

中共中央、国务院联合下发的《关于进一步加强和改进大学生思想政治教育的意见》指出，深入开展社会实践活动是当前形势下大学生思想政治教育的有效途径，坚持思想政治教育与社会实践活动相结合是加强和改进大学生思想政治教育的一项基本原则。思想政治素质是当代大学生应当具备的最基本素质。大学生应具有正确的世界观、人生观、价值观；应具有坚定的爱党、爱国政治思想；应热爱劳动，保持艰苦奋斗的作风；应密切联系群众，坚持贯彻执行党的群众路线。

社会实践是大学生思想政治教育和素质教育的有效平台，是高校人才培养的重要途径，对于完善专业培养体系、优化人才培养模式、提升大学生综合素质、加强大学生思想政治教育有着重要意义，具有重要的育人功能。

社会实践作为结合社会实际开展的大学生教育，对依托于课堂书本教学的思想政治教育有重要补充作用，思想政治教育的内涵与社会生活密切相关，其中蕴含的哲学原理和政治规律在社会中有着更加直观的体现，但是以往大学生通过课堂教育难以将社会现实与思想政治教育内容相互联系，造成了思想政治课程成为“水课”，学生关注度不高、理解程度不够、思想政治课程效果不好的结果。

通过社会实践活动，大学生真正走进社会，体会到思想政治课程中马克思主义政治经济学在社会生产和社会生活中的影响，领会中国特色社会主义在社会改革发展中的具体作用，更加深刻理解法律法规和政治理论与公民生活的紧密联系。

通过社会实践活动，大学生将对思想政治课程产生更加浓厚的兴趣，更加愿意通过思想政治教育内容对客观世界进行解释分析，更好运用思想政治教育成果，让思想政治教育内涵成为指导大学生学习生活工作的基本准则，实现思想政治教育的功能提升。

（三）大学生社会实践是深化书本理论的关键一步

大学生社会实践有助于加深对书本理论的应用。大学生对书本理论的理解大多仅限于课堂内，但书本理论中的内容和实际社会生产实践尚有较大的差距，单纯学习书本理论而不进行生产实践将会制约大学生对书本理论的全面认识，限制大学生在相关领域的进一步研究。通过社会实践，大学生将相关理论应用于生产实践，接受他人的指导，掌握更多经验性知识，对理论的适用范围和具体特性有了更深的认识。通过大学生社会实践，可以更好地锻炼大学生学习理论、掌握理论、实践理论的能力，提升大学生发现问题、判断问题、解决问题的能力，对日后大学生投入工作、学习知识具有积极作用。

大学生社会实践有助于优化理解书本理论。实践是检验书本理论是否正确的标准，一些情况下，部分理论知识存在边界区域适用性不高、特殊环境无法解释的问题，通过大规模的大学生社会实践，学生将社会生产和理论相结合，在大量的理论应用中进一步检验理论，有助于加深对书本理论知识的认识，提升大学生全面看待问题，科学分析理论的能力。通过大学生社会实践，将会极大提升课堂中书本理论的学习效果，借由社会实践环节补充对理论的分析掌握，为其他理论知识的学习提供普适性经验，实现对书本理论的优化理解。

二、社会实践的理论基础

马克思在《关于费尔巴哈的提纲》中指出：全部社会生活在本质上是实践的。凡是把理论引向神秘主义的神秘东西，都能在人的实践中以及对这个实践的理解中得到合理的解决。在马克思主义认识论中，实践的观点是基本组成部分，具体而言，实践是认识的来源，通过实践可以推动认识的发展，实践是检验认识真理性的标准。

根据马克思主义哲学观点，实践产生认识，只有通过实践，与客观世界相对应的认识才可以被映射到人的思维中，如果客观事物不是人的实践活动的对象，则人无法产生正确的认识。认识源于实践，实践是认识不断发展完善的动力，认识随着实践的进步存在螺旋上升的空间，人类对客观世界的认识随着对对象的实践逐步深化，人类对社会的认识也从单一实践产生的片面认识向大量实践产生的全面认识过渡。

（一）社会实践与教育的结合论

教育是为了满足人类个体的生存发展需要，通过提高劳动生产技能实现发展生产的一种实践手段，实践手段对教育的最终结果产生了重要影响。在高等教育的发展中，我国提出将教育与科学研究、社会实践相结合的要求，在 1985 年发布的《中共中央关于教育体制改革的决定》中首次提出要加强高等学校同生产、科研和其他社会方面的联系，并作为高等教育改革的重要内容。在后续的政策中，也更加强调实践环节的教学训练，让社会实践成为深化高等教育、推动教育创新、发展社会生产的重要因素。

社会实践与教育的结合主要表现在人类劳动能力的发展与科学认识的深化相辅相成，共同促进物质资料的生产与再生产的辩证统一过程；在教育的发展中，教育理论的应用，应当与教育的实践相结合，通过社会实践与教育内容的辩证统一实现对知识的传授与发展，通过教育与社会实践的结合论，将抽象的知识转化为具体的认知，实现理论与实践的有机统一，完成教育对受教育者及全体社会公民的正向作用。

（二）社会实践与成长的促进论

邓小平同志指出："现代经济和技术的迅速发展，要求教育质量和教育效率的迅速提高，要求我们在教育与生产劳动结合的内容上、方法上不断有新的发展。"① 作为马克思主义三个组成部分的实质，人的全面发展是唯物主义哲学观的立足点。在实践中发展的个人是不受其他人影响的、能够实现自主认识获取的具有发展潜力的人。人的全面发展是一个实践过程，社会的实践活动能为人的全面发展提供充足的物质条件和精神准备。

当代青年面临着更加复杂多变的社会环境，需要通过全面发展应对社会竞争，应当更加重视社会实践在个人成长中的促进作用，将理论认识和抽象思维融合进社会实践，积极参与社会实践，在社会实践中思考问题，锻炼自己，实现更加全面均衡的成长。

三、社会实践的历史沿革

自古以来，社会实践就是人类社会发展的重要组成部分，

---

① 《国务委员陈至立在教育系统纪念邓小平同志诞辰100周年座谈会上的讲话》，中华人民共和国教育部官网，2004 年 8 月 17 日，http：//www. moe. gov. cn/jvb_xwfb/xw_zt/moe_357/s3579/moe_90/tnull_1567. html。

通过社会实践育人在各国传统中都有所体现。先秦时期知行论即被提出，荀子结合孔子已有思想提出了“行高于知，知明而行”的观点，扩充了古代社会实践的理论；墨子旗帜鲜明地提倡实用主义，在认识过程中强调实践的作用，将实践作为检验理论的标准。秦汉时期，实践的观点进一步深化，将实践看作认识过程中的决定性因素。

两宋时期，程朱理学对实践与理论的关系进行了更加丰富的讨论，朱熹在结合二程（程颢、程颐）的格物致知理论后，提出了“论先后，知为先，论轻重，行为重”的观点。明清时期，王守仁历史性地提出“知行合一”理论，认为“知之真切笃实处即是行，行之明觉精察处即是知，知行功夫，本不可离”；黄宗羲认为应当通过“躬身实践”获得真正知识，揭露了以往封建科举制度完全忽视社会实践无助于社会生产的问题，反驳了“万般皆下品，惟有读书高”的片面思想，对古代社会实践思想进行了高度凝练。

西方的实践观起源于希腊的朴素哲学观，实践作为体现人本价值的理论分支，在不同的历史时代呈现出不同的社会价值，古代西方的实践观点与哲学思想紧密相关，更多表现为一类哲学内容，实质上是对社会生活的一种哲学抽象。苏格拉底首先提出哲学的意义在于社会实践的观点，用哲学思想引导公民实现哲学对社会实践的指导作用。柏拉图在《理想国》中对教育和实践思想进行了综合研究，认为应当通过不断的教育实践实现阶级的转化。亚里士多德对实践的意义进行了哲学扩充，认为应当将客观实在的变化运动归结于实践的范畴，其认为实践就是人追求至善的过程，是人类改造自我实现价值的主要手段。康德严格区分了理论与实践，认为实践理性高于理论理性，认为实践是伦理活动，意志在实践中起到关键作用，在唯心主义的范畴下将意志活动看作实践。

黑格尔在批判德国古典哲学的基础上，将实践引入认识论的框架，其认为实践是认识事物的必然选择，得出了理论与实践在客观世界下相互统一的认识，提出了只有在实践理念的作用下，思维与存在才具有同一性，理念才能向现实转化。近代以来，西方教育家杜威将教育思想体现为“生活教育”理论，将实践过程映射于生活经验，让人通过教育过程在社会实践中实现认知变化。杜威认为，应当从经验中学习，从经验主义哲学出发，利用客观环境的变化塑造人的认识结构，通过将教育与生活融合实现传统实践观与现代哲学理论的自洽。

20 世纪 50 年代，我国高等院校通过大规模的教育改革，开始把实习、生产劳动、勤工助学、军训等社会实践纳入教学计划。具体包括：把实习作为一个重要的环节列入教学计划，成立了直属高等学校学生生产实习指导委员会，成立了中央生产实习指导委员会，颁布了《学生实习指导委员会暂行组织规程》《高等学校与中等技术学校学生实习暂行规程》等，对实习的具体任务、要求、原则、经费等做了详细的规定，并摸索建立了一套完整的学习制度，保证了大学生实习工作顺利进行。

1978 年，邓小平指出：“各级各类学校对学生参加什么样的劳动，怎样下厂下乡、花多少时间，怎样同教学密切结合，都要有恰当的安排。”① 1980 年 2 月，各高校组织学生开展各种勤工助学的实践活动。1982 年，各地大学生在街头开展

① 邓小平：《在全国教育工作会议上的讲话》，《人民日报》1978 年 4 月 22 日。

“人民送我上大学，我献知识为人民”的咨询服务活动。在此期间，各高校纷纷响应，数万名大学生在街头开展医疗服务、法律咨询、社会调查等活动。1983 年 10 月，《共青团中央，全国学联关于纪念“一二·九”运动四十八周年开展“社会实践周”活动的联合通知》首次提出“大学生社会实践”的概念，标志着大学生社会实践开始走向正轨。

1984 年 5 月，团中央向全国青年发出了“受教育、长才干、做贡献”的号召，社会实践开始发展起来。1986 年，中共中央、国务院批转《国家教委关于加强高等学校思想政治工作的决定》，指出要把社会实践与思想政治教育结合起来，引导学生积极参与社会实践，加强思想政治教育，真正标志着暑期社会实践步入正轨。同年暑假，社会各界纷纷发出支持大学生社会实践相关政策，此后，每年均有数十万大学生参加社会实践活动，且数量与完成质量均在不断提升。大学生在这些活动中亲身感受到改革开放带来的进步和影响，对国情有了新的认识，促进了社会实践的发展，让大学生与社会联系更加紧密，这标志着大学生社会实践逐步恢复发展。大学生社会实践活动就是在这样的历史条件下逐渐发展起来的。

1987 年 5 月，中共中央作出《关于改进和加强高等学校思想政治工作的决定》指出：“要鼓励青年学生利用假期积极参加各种有益的社会实践活动，向实践和群众学习，运用所学知识为实践和群众服务，树立为建设社会主义祖国而献身的信念，成为有用人才。”1987 年 6 月，国家教委、共青团中央《关于广泛组织高等学校学生参加社会实践活动的意见》指出：“高等学校本科生在校期间应至少利用假期参加两次社会实践活动，文科生总计不少于 45 天，理、工、农、医学生总计不少于 30 天，研究生也要参加一定时间的社会实践活动；对参加社会实践活动并取得成绩的学生给予表彰，作为评优评奖的依据，并记入档案；要建立社会实践基地等。”1993 年 12 月，党的十三届二中全会提出“青年志愿者”和“大学生科技文化服务”。

1997 年，团中央提出科技、文化、卫生“三下乡”活动。这一时期，大学生在共青团的组织下，开展了各种各样的实践活动，大学生社会实践活动得以全面展开。1999 年 6 月，中共中央、国务院作出《关于深化教育改革全面推进素质教育的决定》，动员全国人民全面推进素质教育，深化教育改革，振兴教育事业，文件强调：“学校教育要抓好智育，重视德育，加强体育、美育和社会实践；高校要加强社会实践，利用假期组织学生到城乡支工、支教、支医、支农，参加技术开发及推广、科学研究等活动；社会各界要为学校开展社会实践活动和基地建设等提供必要的支持。”此后，大学生社会实践开始深化发展。

2004 年 10 月，中共中央、国务院颁布《关于进一步加强和改进大学生思想政治教育的意见》强调：“社会实践是大学生思想政治教育的重要环节，高校要把社会实践纳入教育教学总体规划，规定学时和学分，提供必要经费，利用寒暑假，开展社会调查、志愿服务等实践活动。”2005 年 2 月，中宣部、中央文明办、教育部、共青团中央联合印发的《关于进一步加强和改进大学生社会实践的意见》强调：“要遵循大学生成长规律和教育规律，引导大学生深入基层，开展社会实践活动，坚持理论联系实际、课内与课外相结合、集中与分散相结合，确保每一个大学生都能参加，同时加强社会实践基地建设。”

2012年1月，《教育部等部门关于进一步加强高校实践育人工作的若干意见》强调："党和国家历来高度重视实践育人工作，要坚持向实践学习、向人民群众学习。"目前为止，大学生社会实践活动从初期的社会调查、勤工助学、学习参观扩展为"三下乡"、"四进社区"、志愿服务、扶贫、生态文明建设、生产劳动、科技发明、红色之旅、创新创业等，并且每年都有几十万大学生参与，实践内容和形式更加丰富，实践育人机制更加健全，社会实践组织和管理水平都有了很大的提高。这些文件的出台，标志着大学生社会实践开展深化成熟，大学生社会实践成为培养社会主义人才不可缺少的有机组成部分。

2016年，教育部发布了《各地各高校深入开展2016年大学生暑期社会实践活动》，强调各高校组织开展形式多样、内涵丰富的社会实践活动，其中重点提到了理论宣讲"一带一路"、弘扬长征精神、助力精准脱贫等方面；同年，教育部等11部门联合印发了《关于推进中小学生研学旅行的意见》；2017年，教育部印发《中小学综合实践活动课程指导纲要》；2018年，北京启动"双百行动计划"，100支首都高校青年教师社会调研队、100支首都高校青年大学生社会实践队奔赴首都各行各业一线展开实地调研和实践。高校积极贯彻落实习近平总书记勉励广大青年学生要面向实际，深入实践，努力成为有理想、有学问、有才干的实干家的重要讲话。2020年，教育部出台《大中小学劳动教育指导纲要（试行）》等文件，分别从研学实践、综合实践、劳动实践等方面加强对社会实践活动的指导，深入推进中小学实践育人，不断完善实践育人体系。

2023年6月27日，《教育部办公厅关于深化高校学生暑期社会实践活动的通知》强调，为深入学习贯彻习近平新时代中国特色社会主义思想，推动各地各高校深入落实“时代新人铸魂工程”，深化教育教学改革，提高育人质量，打造新时代社会实践育人新范式，教育引导广大师生在社会实践中厚植家国情怀、了解国情民情、增长知识才干、激发挺膺担当，社会实践活动要“强化育人目标引领，课内外一体设计，深化定向结对互动，结合专业特色服务，强化成果绩效管理，注重典型宣传推广”。

第三节　社会实践的作用与价值

“三全育人”综合改革，不仅是对当前育人项目、载体、资源的有效整合，更是对长远育人战略、体系、标准的全面重塑。做好改革试点工作，不仅要坚守并扩大既有优势，还需勇于创新，勇于突破，构建一体化的育人机制以推动中国特色社会主义大学的蓬勃发展，培养出能够德智体美劳全面发展的社会主义建设者和接班人。

大学生暑期社会实践作为学校社会实践的重要组成部分，是素质教育和思想政治教育不可或缺的一环。在这个发展日新月异的科技时代，我们迫切需要引导大学生深入社会、了解国情、增长才干，以奉献社会、锻炼意志、塑造品格，从而增强他们的社会责任感，激发潜能，全面提升综合素质。社会实践是道德素质成长的摇篮。通过实践，大学生能够更深入地理解社会，学习先进人物的优秀事迹，磨炼意志，提升道德认知、情感和意志，形成集体主义精神，养成文明礼貌、遵纪守法、诚实守信、艰苦朴素、尊老爱幼、孝敬父母、乐于助人、团结友爱、奉献社会等良好的道德品质。作为肩负着祖国未来发展重任的建设者，大学生必须具备坚定的思想素质和政治素质。通过社会实践，结合政治理论学习、社会调查、参观访问等方式更广泛地接触社会，提升思想觉悟，培养艰苦奋斗、团结合作的精神，增强认识世界、改造世界的能力，塑造优良的思想政治品德。

暑期社会实践的成功实施离不开专业知识、技能的支持以及发现、分析、解决问题的能力。另外，大学生在社会实践的深入体验中产生的对现有知识技能难以完全满足社会实际需求的认知落差往往能够激发学习热情，进而促发对专业知识体系的审视与充实。通过不断学习和完善，大学生能够更深入地理解并掌握专业知识和技能，进而实现理论知识与实际操作的有效结合，提升专业文化素质。

一、社会实践是践行“三全育人”的必由之路

社会实践是立德树人实现“三全育人”的必由之路，通过社会实践，将有助于拓宽全员育人、全程育人、全方位育人的渠道手段，实现育人的叠加效应。“三全育人”是新时代高等教育发展的新理念、新模式，是党和国家对于教育的根本性认识和要求，全面反映了高等教育对于立德树人的本质回归，社会实践与“三全育人”的结合将会有效助推各自的工作成效，实现教育效果的重大提升。

（一）社会实践有助于实现全员育人

全员育人是指高校全体教职工参与育人工作，提出全体员

工的育人意识和育人责任，把培育青年人才贯穿到育人的各主体、各环节，实现从特定主体育人，到全主体育人责任的转变。社会实践作为学生开展的具有较大复杂性、牵扯校内多部门的活动，天然囊括了校内不同专业、不同分工的老师，具有实现全员育人的良好条件。

社会实践的过程，从选题立项、制定实践规划，到实践开展，以及最终的工作总结，需要行政部门老师、班主任、辅导员、专业老师、部门领导等高校育人角色的参与，通过单一项目实现了以往难以完成的全员育人内涵，借助社会实践的开展，不同育人主体从自身业务领域出发，在专业知识以及思想政治方面对学生进行引导教育，形成对学生具有较大影响的社会实践成果，让学生在与社会实际接触的过程中，受到高校教师的全面引导，实现育人效果的叠加放大。

（二）社会实践有助于实现全程育人

全程育人是指将立德树人的要求融入学校的教育教学、学生成长成才、教师成长发展的全过程，建立大学生从入学到毕业、就业的全过程育人环节，建立长时段、可持续、贯穿式的育人链条。社会实践的选题，在大学生阶段具有一定的连续性。据调研，大部分大学生在学校给定选题基本不变的前提下，具有较大倾向持续研究一类问题，并通过社会实践将问题研究逐步深化，开展全过程社会实践。

通过社会实践贯穿学生的各个培养环节，可以实现学生对社会认识、科学理论、思想政治、实践方法的不断掌握、解构、重构、升华，实现了在社会实践背景下，各育人主体全周期持续培养学生的重要目标。在社会实践过程中，学生的学习提升与教师的学习提升相辅相成，通过对学生社会实践的全流程指导，不同分工的老师将接触不同领域的专业知识，实现各个部门之间的深度协同配合，提升育人水平，反向实现对后续学生的更高水平培养，最终实现可持续性全程育人。

（三）社会实践有助于实现全方位育人

全方位育人是指通过打通校内校外、课内课外、线下线上等通道，充分利用各种教育资源和载体，将思想政治教育渗透到课堂教学、科学研究、学生管理和社会实践的各个方面，实现育人工作的协同联动。大学生通过社会实践可以有效接触各类知识获取渠道，从校内的传统课堂到灵活的第二课堂，从课内学习到内容更加丰富的课外学习，从基础的线下学习到信息多元的线上课堂，社会实践以其新颖的选题和更具挑战性的内容，对全方位育人提出要求。

全方位育人就是要通过学生自主学习意愿，撬动各种类型的教育资源，促使不同种类的资源联合对学生产生积极影响，借助社会实践的学习契机，对传统教学内容以及学生思想政治进行浸润式教育。社会实践具有内涵的复杂性，通过社会实践的复杂内涵，对不同类型的学生进行个性化教育，可以实现更加全面的育人目标。

在社会教育的大舞台上，在由学校、家庭、社会共同编织的网络里，社会实践正以其各种独特的方式，实现对学生思想政治教育的全面渗透。通过校内外互补与结合以及线上线下的融合，共同构建了一个协同合作的思想政治教育新生态。

社会实践不仅聚焦于建立多维度的育人机制，更致力于挖掘和利用不同领域的育人资源。它汇聚各方力量，形成育人合力，打破时空限制，拓展教育场所，深入发掘并激活各种育人潜能。通过多样化的教育手段整合了多元化的育人资源，实现了思想政治教育的多维协同和资源共享，形成以学校为核心，家庭、社会共同参与的良好教育格局——不仅强化了学校的教育主体地位，更促进了家庭、社会与学校之间的紧密合作，共同为学生的全面发展贡献力量。

二、社会实践是促进大学生服务社会的良好契机

大学生通过社会实践活动，能够在改造客观世界的同时，改造自己的主观世界，形成更符合社会发展客观规律的世界观、人生观、价值观。大学生正处于人生成长的关键时期，具有可塑性强的特点，通过社会实践活动，有助于大学生更早更好培养服务社会的意识。大学生固有的社会经验少、工作实践不足等问题，导致其对社会工作缺乏深刻的认识和理解，容易产生不切实际的想法。

通过社会实践可以增加大学生和社会接触的机会，切实让他们体会到实际工作中应当如何服务社会，切实了解社会实情、社会现状、发展问题，客观认识在改革发展中可能出现的各种情况，做好服务社会的心理准备和技能准备，培养艰苦创业、吃苦耐劳的精神和踏实肯干的作风，增强社会意识、社会责任感和历史使命感，正确认识在服务社会过程中可能出现的各种问题，用广大基层工作人员的工作现状唤醒当代大学生，推动大学生通过社会实践努力成为服务社会的中坚力量。

三、社会实践是推动大学生走向社会的合适踏板

社会实践有助于大学生将书本理论和学习经验作用于社会实际，提升认知能力、自学能力、实践能力、适应能力，为大

学生走向社会提供合适的过渡踏板。大学生掌握了比较丰富的理论知识，但在理论与社会实际的结合方面存在较大欠缺，在社会交往、独立工作、组织管理等方面还存在着不小差距，大学阶段的丰富理论知识应当与社会实践相结合才能在大学生真正走向社会后发挥作用。

通过社会实践，大学生可以独立面对社会实际问题，增强分析问题和解决问题的能力，为大学生适应社会竞争和社会选择创造条件。一方面，通过社会实践，可以对已经学习的知识进行检验和深化，有助于提升大学生对专业知识的综合运用能力；另一方面，通过社会实践，大学生可以提前参加社会劳动，且不需要为可能发生的问题承担全部严重责任，客观上给予了大学生提前试错积累经验的机会，有助于大学生在实际环境下形成社会生活的必备技能，为大学生走向社会提供充分准备。

四、大学生社会实践与思想政治教育相辅相成

在当今这个复杂多变的社会中，大学生群体因缺乏社会经验，其参与社会实践时更易受到各种外部因素的干扰。面对不同社会思潮的碰撞和融合，特别是各种意识形态的交锋与竞争，大学生若未能坚定对中国特色社会主义主流意识形态的信仰，便极易受到错误思潮的侵蚀，不论是对社会实践的开展，还是对个人的成长发展，都会产生负面的影响。

因此，在社会实践的开展阶段，就要突出思想政治教育对社会实践的指导作用，为大学生社会实践提供正确的意识形态指引。意识形态的核心是价值观，习近平总书记在党的十八大

报告中概括提炼出“富强、民主、文明、和谐；自由、平等、公正、法治；爱国、敬业、诚信、友善”二十四字的社会主义核心价值观，高校在推进大学生的思想政治教育时，应着重强调并积极引导大学生去培育与践行这一核心价值观。不仅要在理论上加深对其的理解，更需将其内化于心、外化于行，使之成为大学生社会实践的坚实思想基石和行动指南。

思想政治教育可以为大学生社会实践提供方法论指导。大学生走出校园进入社会开展实践，难免遇到一些没见过、不理解、做不到的情况，若不能正确理解和审视复杂的社会问题，将面临重重困难，活动任务难以为继。正如毛泽东所强调：“我们不仅需明确目标，更要找到实现这些目标的方法。没有方法，目标便如同空中楼阁。”这里的方法论，主要指的就是马克思主义的方法论，它涵盖了实事求是，一切从实际出发，理论联系实际；用联系的观点看待问题，掌握系统优化的方法；用发展的观点看问题，掌握否定之否定规律；用对立统一的观点看问题，坚持两点论与重点论相统一，坚持具体问题具体分析等多个层面。

在探讨大学生社会实践的深层动力时，我们不可忽视思想政治教育在认识论层面的引导作用。主观能动性作为驱动人们开展多样化活动的核心动力，同样在大学生参与社会实践的过程中发挥着决定性的作用。大学生的社会实践不仅受到具体任务与环境的推动，更受到他们内心深处的思想意识与认识的支配。

意识的多样性——无论是正确与错误、先进与落后，还是科学与经验之分——直接影响了人们实践的结果，这种多样性源于我们对世界的不同理解和认知。马克思主义认识论揭示了认识的反复性，它指出，人们对客观事物的理解受限于当前实践水平，同时，客观事物的复杂性和变化性也决定了认识需要一个渐进的过程。因此，大学生在社会实践中偶尔出现认识偏差是自然的，不必因此而对实践产生怀疑。另外，认识也具有无限性。随着社会的进步和发展，人类的认知不断更新，对真理的追求永不止步。因此，即使大学生在社会实践中获得了正确的认识，也不应自傲自满，而应持续努力，推动认识的深化。从实践到认识，再从认识到实践，这是一个循环往复且不断前进的过程，类似于波浪式的起伏或螺旋式的上升。我们应该将认识付诸实践，通过实践检验认识，再从实践中获取新的认识，如此循环以推动认识的持续发展和进步。

在参与社会实践的过程中，大学生一定要以科学的认识论为指导，充分发挥正确认识对实践的积极作用，同时警惕并避免错误认识的干扰。思想政治教育具有多样化的载体形式，而社会实践作为其中的一种，其独特之处在于其实践性和感染力，这为大学生提供了宝贵的实践经验和深刻的思想启示。

第二章

大学生社会实践的选题立项

组织开展大学生社会实践活动，要始于对具体所要研究或解决问题的选择，在社会实践活动开展中，选题往往是最困难的一个步骤。弗兰西斯·培根说过："如果你从肯定开始，必将以问题告终；如果你从问题开始，则将以肯定结束。"问题的提出是反复思考的出发点，也是科学研究的第一要素。因此，对于大学生社会实践选题的统筹研究，要先掌握社会实践选题的重要性、内涵及外延，厘清实践选题的问题与不足，继而为开展大学生实践选题统筹的学理研究提供有力的现实基础和清晰的研究思路。

第一节　社会实践的种类及内容

一、社会实践的团队类型

（一）团队社会实践

团队社会实践是指多名学生在指导老师的指导下，围绕一个主题进行集体社会实践的形式。鉴于社会实践的复杂性和团队合作的优势，在现行大学生社会实践活动中，团队社会实践占比较大，是大学生群体开展社会实践的主要形式。

团队社会实践有助于社会实践个体开展更加复杂的社会实践活动，保障大学生直接深入地参与到社会行为中，还可以在团队协调、组织领导等过程中全方面锻炼大学生的实践能力。通过团队社会实践，有助于培养大学生的团队意识，营造相互学习、互帮互助的良好氛围，极大提升社会实践的效果和收益。

团队社会实践主要开展复杂的社会实践活动，应当在实践目标上有更加清晰的定位，在筹备、开展、总结阶段有更高的要求，应当提前对社会实践可能发生的情况进行预判，提前联系专业指导老师和实践对象，准备好实践问题和实践方法，提前预估实践成果，实现带着问题开展实践，在实践的过程中解决问题，达成更好的实践目标。

团队开展社会实践，在社会实践的内容和选题上有更大的空间，在充足的人力资源保障下，乡村走访、调查研究、志愿服务等领域的活动才有良好开展的可能。团队开展社会实践也有助于实现群策群力，在共同的实践目标推动下实现长板效应，在社会实践过程中锻炼能力，实现有价值、有内容、有意义的社会实践。

大学生社会实践团队应当控制好人员数量，做到人数既能完成任务，又不至于人数太多难以管理，降低工作效率。在组建社会实践团队时，应当根据目标要求，核算大致工作量，估算人力需求，按照实际需求召集人员，也应当注意人员配比和实践成员的学科构成、特长领域等方面，努力做到团队成员与实践项目对口，做到人尽其才、物尽其用。

（二）个人社会实践

个人社会实践是指一名学生在指导老师的指导下，围绕一个主题进行单独社会实践的形式。个人社会实践是个人研究简单问题，逐步上手熟悉社会实践流程的着力点，是社会实践的重要组成部分。

个人社会实践需要确定合适的选题方向，注重个人适应社会的能力培养，拥有更高的独立性，要通过独立开展小规模社会实践获得更大的实际效益，考虑到个人社会实践的特性，一般可以开展实习、参观等可单人完成的任务，避免单人完成工作量较大、需要团队配合的任务。在小规模社会实践活动中要重点突出个人学习收获，努力提升自己适应社会、服务社会的能力。

在个人社会实践中，要充分考虑实践活动的可行性，适当调整活动计划，确保个人能够完成计划任务，实践活动中要充分估计各种困难，做好事前计划，落实好任务时间规划，确保各项工作有序开展，在实践过程中，如果遇到个人难以解决的问题也要勇敢向他人求助。要把社会实践的主题和自身学科特长结合起来，确保实践内容力所能及，实践结果可以预计，要做好安全保障和应急预案，提高安全意识和自我保护能力。

开展个人社会实践，其交通、食宿等开销较低，同时，对环境相对熟悉，易于获得相关社会资源和支持，有利于实践活动开展。由于不涉及与其他同学协调，实践活动可根据自身情况调整进度。此外，个人实践对实践单位影响较小，相关实践内容、时间都便于灵活处理。

选择开展个人实践，所有决策都是自己决定的。因此，大学生要在选题阶段确定合适的实践主题，努力使自己的社会实践活动立意高、方向准、收获多。由于个人实践开展范围相对较小，便于开展公益服务、基层治理、职业发展内容类型的活动，所以建议大学生在选择个人实践的形式时，多考虑从该类选题方向入手。对于社会调查类型的实践活动，个人实践力量单薄、调查样本数量有限、规范程度与科学水平相对较低，不易形成成果。开展个人形式的社会实践，大学生以收获个人的体验与感悟为主，因此要注意在实践的过程中，努力培养和提高自身的综合实践能力。

个人实践在前期规划设计和中期实施开展的过程中，要做好充分准备，不断调整以适应实际情况，从而提高实践活动的可行性，避免和减少麻烦。在实践内容的设计上，有序安排活动进度，做到严谨细致、有逻辑，避免内容混乱；在实践活动的定位上，结合自己掌握的实践理论与技能，选择适用的方式方法，避免出现因为难度过高无从下手，或者要求过低而没有开展的情况。

在实践开展的过程中，要做到持之以恒、按部就班开展活动，避免出现因为过度自由导致进度拖沓甚至最终放弃实践的情况。此外，个人实践活动安全保障相对较弱，选择此种形式开展实践活动的大学生要时刻铭记安全第一，做好安全防范。

二、服务类社会实践

志愿服务型社会实践活动是大学生主动投入自身的时间、精力，有时甚至是金钱的社会实践活动，是以一种无私奉献的精神，为减轻社会负担和压力而进行的无偿实践活动，在强化大学生为人民服务的意识、培养社会责任感、提升服务社会能力等方面起到积极促进作用。

大学生作为高等教育的受益者，不仅具备服务社会的重要责任和义务，还具备实现这一目标的精力和能力。一方面，他们凭借丰富的专业知识，可以为那些有需求的人提供指导和帮助，解决他们面临的难题，进而在帮助他人的过程中实现个人的自我价值，并享受助人的喜悦与成就感；另一方面，大学生通过积极投身于志愿服务工作，能够有力地推动地方经济的增长，促进社会文明的不断进步，同时也在实践中提升社会公共管理的效能。

根据社会实践的组织形式可将其分为学生自发型和学校组织型。

学生自发型社会实践主要源于学生个人的主动意愿和行动。学生会在课余时间自发地选择参与各种社会实践活动，如走进企业、工厂、农村或社区进行深入的社会调查，以便更直接地了解社会现状。此外，还可以主动与企业的人力资源部门联系，寻求实践机会，或是通过各类招聘信息寻找适合自己的实践活动。这种方式的社会实践能充分彰显大学生的主观能动性，也更能激发他们的创造力和解决问题的能力。

学校组织型社会实践则是由学校统一组织并安排学生参与的社会实践活动。学校为引导学生积极投身社会实践，采用多部门协同管理社会实践，根据主导部门的不同，社会实践可以分为两大类。教学部门主要负责生产实习、教学实习和毕业实习等具有教学性质的社会实践；共青团组织则主导了寒、暑假及日常的社会实践活动，包括但不限于挂职锻炼、志愿服务、参观研学、社会调查、科技文化卫生服务等。

学生在自发参与社会实践时展现出了极高的积极性，但由于缺乏专业的指导，往往未能充分发挥社会实践的积极作用。相比之下，在参与学校组织型社会实践的过程中，学生可以获得更为系统和专业的指导，但可能出现积极性和主动性不高的情况。除此之外，存在部分学校在整合资源和有效管理社会实践方面短板明显，导致各个部门在执行任务时重形式、走过场。

在社会实践的各个环节中，教师应发挥其核心指导作用，不仅要在专业领域给予学生精准的指导，还要引导学生将所学专业知识与实际的社会实践相结合，从而探索出一条既专业化又项目化的实践路径。教师还需要以身作则，发挥榜样引领作用，在社会实践中展现不怕困难、勇往直前的精神风貌。学校方面，应召开动员大会，广泛宣传社会实践的重要性，并通过设立奖惩机制来激发学生的参与意愿和热情。同时，学校需要优化资源配置，打破各部门间的壁垒，建立专门的社会实践小组，并明确各自的职责、权限和利益，以实现对社会实践项目的全面统筹管理。此外，学校还应建立健全考核和监督制度。在人力、物力、财力等方面，学校应给予最大程度的支持，以确保社会实践活动的质量和效果。

通过学校－教师－学生三方之间的紧密合作与协同努力，社会实践的推进过程变得更为顺畅，且其实践成果也更为显著。此外，从经济回报的角度来看，社会实践可以划分为有偿与无偿两种类型；而从与现实世界的联系层面分析，则可以区分为传统线下的社会实践与依托网络平台线上的社会实践等多种模式。

校外勤工助学活动是大学生在课余时间参与的一种有偿

社会实践活动，他们通过提供体力或智力服务来获取相应的劳动报酬。这种活动不仅有助于增强学生的参与意识和工作能力，还能够培养他们自立、自强、热爱劳动和艰苦奋斗的精神。此外，对于家庭经济困难的学生来说，通过参与校外勤工助学活动，他们可以减轻家庭的经济负担，从而更加顺利地完成学业。同时，这种活动也为学生提供了一个提前接触社会、了解国情的机会，为他们未来踏入社会打下了坚实的基础。

（一）科技、文化、卫生“三下乡”专项

“三下乡”活动是指科技、文化、卫生“三下乡”。20 世纪 80 年代初，共青团中央首次号召全国大学生在暑期开展“三下乡”社会实践。为了促进农村文化建设，改善农村社会风气，密切党群、干群关系，大力推进农村精神文明建设，满足广大农民的精神文化生活需求，1996 年 12 月，中央宣传部、国家科委、农业部、文化部等十部委联合下发《关于开展文化科技卫生“三下乡”活动的通知》。1997 年，“三下乡”活动在全国正式开展。主要包括以下内容和形式：

科技下乡。大学生参与科技下乡活动，可以从多个维度切入以推动乡村发展。首先，他们可以通过科普宣传的方式，普及科学知识，帮助群众摒弃迷信观念，同时，也可以开展关于普及村民防治水污染知识、树立安全使用化肥农药意识等环保科普活动。其次，农学及相关专业的大学生可以发挥专业优势，推广实用的农业技术，将最新的科研成果转化为提高农作物产量和质量的实际生产力，或者提升乡镇企业的生产水平。最后，他们还可以在能源、环保、管理等多方面提供生产指导服务，针对农业生产的实际需求，为农民提供上门指导，并为

地方政府和农民提供关于农村经济发展所需的最新技术和市场信息，助力农业生产和乡镇企业的健康可持续发展。

文化下乡。文化下乡活动主要涵盖了几种不同的形式。首先，它包括了教育支援，大学生们会前往教育资源相对匮乏的中小学校进行支教，同时，他们也会根据村民的实际需求，提供扫盲教育服务。其次，文化下乡活动还包括图书捐赠活动，通过募捐等方式，收集涉及文化娱乐、农业技术等领域适合农民阅读的书籍，并可根据实际情况建设乡镇青年图书站。再次，文艺下乡活动也是其中一项重要内容，有艺术背景或特长的大学生可以组织电影放映、文艺演出等农民群众喜闻乐见的文化艺术活动。最后，法律下乡活动旨在向农民普及法律知识，特别是与农民生产生活密切相关的法律，如宪法、民法、森林法、土地法、义务教育法等，以提高农民的法律意识和观念，推动农村地区的民主法治建设。

卫生下乡。医学专业或具备丰富医学知识的学生实践活动，可以推动当地卫生常识宣传普及、扶持乡村卫生组织，形成农村良好的卫生习惯。卫生下乡主要包括：义务诊疗，医学专业学生与基层医疗机构相互对接，针对医疗薄弱地区结合所学进行基础医疗服务，例如康复训练、慢性病诊疗等工作；保健宣传，结合实践地区的卫生情况，研究受众知识需要，进行健康保健主题宣传，提升公共卫生水平；卫生建设，建设改造实践地区卫生基础设施，扩大社会实践的社会影响，将活动成果更好服务群众。

（二）科教、文体、法律、卫生“四进社区”专项

“四进社区”活动是大学生充分发挥知识文化优势，深入到城市社区开展科教、文体、法律、卫生实践服务活动，为了增进社区居民的科学素养，强化法律意识，并进一步提升社区文化活动的丰富性，致力于满足社区人民群众日益增长的精神文化需求。

科教进社区。为了更好地提升社区居民生活质量、加强科学文化普及，可以组织大学生参与一系列社区活动。首先，通过科普读书会、专题讲座和科学知识竞赛等形式，旨在向社区居民传递科学的生活理念，普及实用的科学知识，并弘扬科学精神，以期消除愚昧和落后的传统观念。此外，还可以利用社区科普宣传栏、科普公益广告和线上远程科普宣传平台，拓宽科普信息的传播渠道，让科学知识更加深入人心。

文体进社区。为了丰富社区居民的精神文化生活，动员大学生发挥他们的个人特长，利用社区内的文体设施，协助社区举办各类文体活动，如曲艺表演、歌咏比赛、书画展览、体操教学和舞蹈培训等，并进行文体骨干的培训，帮助建立社区图书馆，为居民提供更多的文化娱乐和学习资源，常态化、长效化地传承和弘扬中华民族传统美德，推动先进文化的传播，让社区成为文化繁荣、精神富足的温馨家园。

法律进社区。组织法律进社区活动，让大学生深入社区，通过举办法制讲堂、法律咨询和志愿援助等形式，向居民宣传法律知识，着力建立法制园地和社区法律学校等平台，为居民提供更多的法律学习机会，并且通过赠送法律知识读物、发放宣传资料等方式增强居民的法律意识，努力营造一个法治氛围浓厚的社区环境。

卫生进社区。为提升社区居民的健康水平和法律意识而组织具有医学及相关专业背景的大学生参与的一系列社区活动。一方面，可以为居民提供全面的健康检查，包括常见病的义诊服务，并借此机会做好医疗卫生知识的科普工作，使居民了解如何预防疾病和保持健康的生活方式；另一方面，加强对残疾人、孤寡老人、下岗职工和困难家庭等特殊群体的关怀，为他们提供必要的卫生保健服务，传递健康生活的理念和实践方法。

社会服务是大学生在课余时间或节假日里积极投身社会的一种无偿公益活动。这些活动形式多样，包括但不限于街头宣传、便民服务、咨询服务、技术服务、医疗服务、文艺演出、管理协助、政法服务等。这种实践方式的特点在于其灵活性和持久性，它不要求集中的时间段，而是像细水长流一样持续不断地进行并且不寻求物质报酬，虽然实践时间分散，但增加了大学生与社会接触的频次，在了解社会需求、拓宽与社会沟通渠道、与社会建立更紧密联系方面起到促进作用，有助于大学生培养为人民服务的思想，发扬助人为乐的精神，不断增强其社会责任感。

（三）“青年服务国家”活动

为深入学习贯彻习近平新时代中国特色社会主义思想，引领教育广大青年学生在社会实践中受教育、长才干、作贡献，勇做担当民族复兴大任的时代新人，北京团市委立足首都，面向全国，重点辐射京津冀，深入开展首都大学生暑期社会实践活动，引导首都大学生亲身感受习近平新时代中国特色社会主义思想在中华大地的生动实践，在扎根祖国大地、深入基层一线、服务国家战略规划和首都高质量发展的生动实践中贡献青春力量。活动主题丰富，近些年主要包括：

京津冀协同发展青年助力行动。贯彻落实党的二十大报告中提出的“深入实施区域协调发展战略”“推进京津冀协同发展”，围绕京津冀协同发展战略布局，深入京津冀地区，充分认识中共中央、国务院设立河北雄安新区的重大决策部署，聚焦集中疏解北京非首都功能、探索人口经济密集地区优化开发新模式、调整优化京津冀城市布局和空间结构、培育创新驱动发展新引擎，积极开展社会实践活动，凸显青年群体对京津冀协同发展战略布局的观察理解，为国家区域发展汇聚磅礴青春力量。

乡村振兴青年作为行动。党的二十大报告提出，全面推进乡村振兴。坚持农业农村优先发展，坚持城乡融合发展，畅通城乡要素流动，以习近平新时代中国特色社会主义思想为指导，深入贯彻落实习近平总书记关于“三农”工作的重要论述，开拓思维、创新形式，扎实开展调查研究和志愿服务工作，围绕习近平总书记在中央农村工作会议的重要讲话中提出的实施乡村振兴战略的目标路径，即“七条道路”，结合基层实际需求，充分发挥专业特长，推动乡村五大振兴。

体悟社会发展成就行动。聚焦党的十八大以来党和国家取得的历史性成就、发生的历史性变革，组织广大青年师生以京华大地为课堂，以经济、文化、科技、生态、民生、国防等各个领域的一系列突破性进展和标志性成果等为现实教材，在国情社情考察、乡间田野调查、基层治理参与、特色产业调研中了解国情、体察社情、倾听民情，深刻领悟“两个确立”的决定性意义，增强“四个意识”、坚定“四个自信”、做到“两个维护”，以青年视角感悟新时代首都发展变化和“一核两翼”发展成就。

激发科技创新活力行动。聚焦首都科技创新发展和高等教育赋能，组织广大青年师生以“挑战杯”“互联网+”等创新创业项目成果转化为牵引，找准广大青年师生在助力首都科技创新发展中的着力点、发力点，通过校地共建、校企合作、校际协同、校内联动等方式，加强政策学习研讨、企业走访调研、成果测试优化、合作机制构建，充分发挥首都高等教育优势和人才培养特色，不断激发广大青年师生科技创新活力，推动科技创新成果转化落地，为首都高质量发展贡献青春智慧和力量。

基层治理共建行动。聚焦首都超大城市治理和国际一流的和谐宜居之都建设，组织广大青年师生深化青年突击队、青年文明号、青年岗位能手、青年安全生产示范岗等品牌内涵，持续开展社区实践计划，加强城市建设和基层治理调查研究，深度参与政务见习、社区治理、文化建设、法治建设、便民服务、教育帮扶、养老助残、扶危济困、平安建设、环境整治、垃圾分类等志愿服务，以新时代青年担当推进首都基层治理体系和治理能力现代化建设。

“一带一路”学习交流行动。学习贯彻“坚持‘一国两制’和推进祖国统一”“坚持推动构建人类命运共同体”的基本方略，结合短期访学、社会实践等项目，丰富各地青年学生和海外留学生交流形式，引导青年学生学习共建“一带一路”倡议构想，鼓励青年学生和海外留学生以政治沟通、设施联通、贸易畅通、货币融通和民心相通为实践方向进行考察，积极投身共建“一带一路”倡议，鼓励广大青年学生学以致用、躬身实践，加深对国家经济社会发展状况的了解，提升民族自豪感和对中华民族文化的认同，为全面提升我国开放型经济水平建言献策。

三、研究类社会实践

（一）专题类调研实践

专业研究型社会实践，本质上是一种在实践教学理念的指导下，教师主导、大学生主体参与，依托丰富的课程资源，在社会这个大舞台上进行的全面发展活动。这种实践特别重视学生的能力迁移和深入研究。这里提到的“迁移”，是心理学中的术语，它描述的是学习之间的相互影响，即先前在某一环境下获得的知识、技能和态度如何促进在另一环境下类似知识、技能和态度的获取。迁移能力对于提升解决问题的技巧具有直接的促进作用，将校园里学到的知识和技能应用到解决社会实际问题中。简而言之，专业研究型社会实践鼓励学生将所学应用于实际，通过教师的指导，以课程资源为基础，在社会环境中培养迁移学习和研究能力，进而促进个人的全面发展。

知识学习旨在提升生活的品质，而社会生活的核心在于实践，这意味着只有通过将所学的理论知识迁移应用于实际生活中，我们才能深化对知识的理解，推动认识的进步，进而探索新的知识领域。对于大学生而言，他们在课堂上所学习的专业知识，实际上是前人智慧的结晶，这些知识具有高度的抽象性和概括性。然而通过经历实践后，大学生能够亲身感受到知识的力量，积累丰富的直接经验，进而使他们的思维方式从抽象走向具体，从表面现象洞察到深层的本质，不仅有助于他们深入理解本专业的内在发展规律，还能促进他们将理论知识与实际操作相结合，实现知识与实践的深度融合。

（二）社会调查和考察

社会实践的一种重要方式是进行社会调查和考察，这两种形式都遵循“没有调查就没有发言权”的原则。社会调查具有极高的灵活性，不受时间和形式的限制，无论是工作日还是节假日都可以进行，既可以是集中性的，也可以是分散式的。在教师的指导下，学生们可以明确调查的对象和内容，进而开展调查。另外，社会考察则特指学生基于特定目的和要求，亲自到实地去观察和探究社会现象与热点问题。

社会调查包括“调查”和“研究”。调查是采用科学的方法和手段直接接触现实社会、取得客观世界材料的活动；研究指对调查得到的材料进行分析、比较、归纳，是对材料的概括和再加工。两个部分密切联系，调查是前提，研究是深化。社会调查，是指大学生有计划地考察、了解、分析和研究社会现象，在了解社会、认识社会本质及其发展规律方面开展实践，寻求建设社会、改造社会的更优路径。

社会调查主要解决三个问题：“是什么”（社会问题）、“为什么”（问题原因）、“怎么办”（解决方法）。大学生进行社会调查，并非仅仅流于形式或完成任务，其核心目的在于深入理解和洞察社会现象，把握其内在的运作规律，进而寻求和探索推动社会进步与建设的有效途径或策略。下面列举几个社会调查的主题：

大学生凭借他们独特的见解和视角，专注于经济社会发展和居民生活状况中的某一具体问题进行深入调查研究，在研究过程中，表达对问题的理解看法，提出切实可行的解决策略，增强认识社会、分析社会问题的能力，也为将来服务社会、建设社会奠定坚实的基础。

研究行业问题。大学生结合自身专业知识，选取相关行业的企业、部门、单位进行深度调研。在这一实践过程中，他们深入业内，充分了解该行业的当前发展状况和未来趋势，同时调研所学专业在市场上的实际需求。基于这些调研结果，大学生能够形成与行业实际紧密贴合的职业规划认识，这不仅增强了他们对专业学习的动力和兴趣，还帮助他们培养了积极的就业心态和良好的就业观，为未来好就业、就好业奠定了坚实的基础。

研究社会需求。社会调查是正确认识社会的基本途径，也是科学决策的客观基础，因此，高等学校经常会结合学校实际和时政热点，组织开展专题专项调研，旨在促进大学生将实践锻炼与服务社会有机融合，做到学校小课堂和社会大课堂同频共振，不断提升实践能力和育人实效。

高校组织的社会考察和调查活动，对大学生而言，是接触社会、了解国情、塑造正确人生观和价值观的宝贵机会，同时也为他们掌握科学的学习方法提供了有效渠道。在社会走访参观中，大学生在教师的指导和学校的支持下，有机会实地探访行业内具有代表性的企事业单位，并且一般会有对方单位的工作人员进行对接，大学生不仅能详细了解单位的文化特色和日常运作情况，还有机会参观现代化的办公设施和高科技设备并积累职场经验。这样的社会走访参观活动，不仅使大学生对自己所学专业有了更为直观和深入的了解，提前感受了未来的工作环境，更拓宽了他们的视野，增强了他们学好专业知识的信念和动力，对大学生的个人成长和职业发展具有深远影响。

（三）社会走访类实践

走访、参观、考察是调查研究型实践中门槛较低、易于开展的实践类型，更注重于大学生对国情社情的了解与体验，所获得的成果偏于感性，进一步总结提升加工的材料还不能达到理论或者规律的认识高度。因此，参观考察较容易开展，是大学生认识社会、了解国情、深入群众的主要渠道，下面列举了几个参观考察的主题：考察国家建设成果。大学生深入到乡镇、农村、街道、社区实地考察取得的辉煌成就。大学生近距离直观地了解领导人治国的路线、方针、政策，可以加深对时代发展的切身感受，还可以增强自身作为社会主义建设者的使命感。

走访国家杰出人物。人物、个案的调查是社会调查研究的重要组成部分。大学生对战斗英雄、劳动模范、道德模范等走访，了解先进人物的人生经历，学习他们的优秀事迹，领悟思考其思想境界，可激励自身树立远大理想、勤勉踏实工作，有助于形成正确的世界观、人生观和价值观。

体验国家历史文化。大学生通过组织开展专题考察活动，深入具有教育意义和代表性的单位进行实地学习，旨在领略祖国博大精深的历史文化魅力，深入了解近代中国为争取民族独立与国家富强所经历的艰辛历程。这一过程中，博物馆和纪念馆等丰富的文化资源均是学习的宝贵素材，使他们对强国建设、民族复兴的伟大征程有了更为深刻的认识，肩负起新时代的使命担当。

社会走访是探索社会运行规律，深入了解社会、认识社会的必由之路，社会走访类实践活动是当代大学生运用科学研究方法，对社会现象进行统计归纳，利用科学工具分析问题和解决问题的手段，以社会实例为切入点，有助于提升大学生在其他领域研究事物的能力，提升了大学生把握规律、总结经验的能力。社会走访主要由参观考察和社会调查两个部分构成，参观考察主要要求大学生运用语言文字对事实现象进行客观描述记录，将参观内容如实记录下来作为进一步研究的资料；社会调查要求大学生在调研阶段制定科学规划，对访问什么人、走访什么地点、收集什么数据进行统筹，运用科学技术对接现实社会生活，对调查所获得的资料进行提炼总结，形成客观有指导价值的材料。

四、技能类社会实践

（一）科技创新类社会实践

课外科技活动是指大学生在课余时间积极参与的，在与农业科学、医药科学、工程与技术科学以及人文与社会科学等多个领域中密切相关的、组织有序的系统性活动，旨在促进科技知识的产生、发展、传播和应用，包括为企事业单位提供技术支持以解决技术难题或管理问题，为不同社会部门和单位研发计算机技术或管理信息系统软件，以及进行制作、发明、革新等具有创造性的工作。

对于社会科学和管理科学类学生而言，课外科技活动具体指的是他们利用课余时间进行的专题调研或理论研讨。这些活动旨在通过实践探索和学术研究，深化对社会科学和管理科学理论的理解和应用。而对于其他专业的学生，课外科技活动则意味着利用课外时间积极参与与本专业紧密相关的科学实验、技术研发或创新实践。总的来说，课外科技活动为大学生提供了一个展现主动性、创造性的平台，鼓励引导学生热爱科学、勇于探索、踏实工作、大胆创新，有助于培养大学生的动手能力和实践能力，涵育大学生科学求索、勇于创新的精神。

课外创业活动近年来受到青年学生的热烈追捧。高校内举办的大学生创业计划大赛已成为校园里的一道亮丽风景，吸引了来自社会各界的广泛关注，特别是新闻界和企业界对此表现出了极大的兴趣。这些大赛不仅取得了显著的成果，而且催生了许多极具创意的创业计划、新型实用技术以及发明专利。这些活动为学生提供了一个展示自我、实现创业梦想的平台，同时也为社会输送了新鲜血液和良好创意。

（二）实习锻炼类实践

学习参观，指大学生在完成专业课后，进行理论联系实际的实践活动。对于广义的学习参观，包含在学校教学计划内的认识实习、生产实习等，也包括学生基于自身专业学习或职业发展需要所开展的学习实践活动。学习参观根据大学生所学专业以及所在单位要求的不同，内容会有较大差异。主要包括：对单位的工作性质、管理体制、运作机制有比较全面的了解。对于高年级大学生，可以掌握某一项工作的具体技术和方法，并结合专业知识对实践中出现的技术性问题给予解决，大学生可以根据自身能力水平调整实践内容。

专业实习是大学生在特定时间段内，深入专业相关领域进行的一种系统性、深入性的社会实践。大学生通常会花费一段时间进入与所学专业相匹配的工作单位，进行实地学习和工作。这种长时间的实践经历不仅让学生能够更深入地了解自己所学专业的实际应用，同时也为他们提供了一个体验职场、了解未来工作环境的机会。以普通工作人员的身份跟班学习工作更能促进学生们在实践中切实提升社会责任感，长时间的实践经历也为他们提供了一个展示和发挥自己专业技能的平台，使得他们的专业本领和业务能力得到锻炼和提升，对提升毕业论文水平、培养综合素质、增强择业就业起积极促进作用。

挂职锻炼，实质上是一种实践学习的机会，指大学生根据自身与接收单位的实际需求，主动选择并参与到政府或企事业单位的实际工作中去。通过这种安排，他们可以担任各种助理职位，比如乡镇团委书记助理、农村党支部书记助理、公务员助理，或者在企业中担任经理助理、工程师助理、行政助理等。在这个过程中，大学生能够由原先的“观察者”角色转变为“执行者”，他们不仅能够运用所学的专业知识，还能在真实的职场环境中经受考验，从而丰富个人经验，增强实际操作能力，进而促进个人能力的全面发展。这种实践形式的优点是让学生在实践中得到锻炼，特别是使组织能力、协调能力、实际解决问题的能力得到提升，提前了解具体工作岗位要求，为以后就业做好准备。

就业实习，是即将毕业的大学生为了提前体验职场环境、探索职业发展方向而自主选择企业或组织进行的一种实践学习活动。在这一过程中，大学生能够真实地感受到职场中的劳资关系，积累实际工作经验，并与学校的老师进行交流，以获得专业的指导和建议。就业实习深受高年级学生的青睐，这不仅是他们迈向职业生涯的重要一步，也是增强自身就业竞争力、提升职业认知的有效途径。

第二节　社会实践的选题及要求

社会实践的选题是解决实际问题、提升实践能力的关键，实践的效果和选题方向息息相关。提出一个合理的社会实践选题有助于社会实践人员通过研究获得有效成果，更好得出事实结论；而不合理的社会实践选题将会使实践者付出额外精力，难以迅速得到预期成果，阻碍了社会实践的顺利进行。

一、选题思路来源

大学生社会实践主要的选题对象，常常是现实生活中的某种社会现象或社会问题，但通常要比实际社会中的某种现象或问题更为具体，更为集中，也更为明确。社会实践选题一般是对一个现实具体问题，例如“中西部欠发达地区缺电问题”“实际工作经验欠缺问题”“乡村文化流失问题”中的某一个分支进行研究，聚焦具体现象，探索具体对策。

选题思路可以来自官方文件。每年中宣部、中央文明办、教育部、团中央、全国学联会等部门会发布社会实践活动相关通知。可以登录相关官方网站（如：三下乡 http：//sxx. youth. cn）或关注学校共青团官方微信公众号（ID：tzyxxb）获取相关通知。全国社会实践活动通知中会提供重点实践选题和专项实践选题多项，大学生可以结合专业和兴趣自主选择。同时，各省级团委学校部也会结合全国社会实践活动的通知，结合本省实际情况，制定并发布省级社会实践活动通知。

寒暑假前夕，各高校会结合全国、省级层面社会实践活动中的部署安排，进一步细化实践课题，确立重点实践内容和方向，起草下发校级社会实践活动通知。一般情况下，大学生最早拿到的是全国层面的社会实践活动通知，通知确定当年社会实践活动的主题方向；省级、校级的社会实践通知是对全国社会实践活动通知的进一步丰富和细化，内容更具体，针对性更强。

社会实践选题的外延有多种来源与途径，诸如现实社会生活、课堂理论发展、个人特定经历、文献资料研究、兴趣专业特长以及已有的实践项目成果等，都是社会实践选题的主要来源。社会实践选题的外延有三个主要层面，即思政理论课的重点难点问题、大学生关注的热点焦点问题、共青团中央的年度实践选题，这三者都是高校对大学生进行的素质教育主题，是“受教育、长才干、作贡献”的有效途径，旨在培养大学生的创新能力与实践能力，培养社会主义建设者和接班人。基于这三类社会实践选题所提供的实践活动，比课堂知识理论更使大学生展示自己的能力，对于大学生的综合素质提升和创造力的培养具有巨大作用。

社会实践选题应当涵盖许多内容，要将与社会实践主题相关的各部分内容融合起来。举例来说，在社会实践选题的选择过程中，可以融合大学生关注的热点焦点问题、思想政治课程中涉及的理论问题、各级团组织提供的参考实践选题，这三方面内容在内涵上常常交叉重叠，在开展形式上互为补充，在成果意义上高度契合，可以有效融合时代特征与理论实际，能反映青年关切和社会实际，是良好的社会实践选题来源。

社会实践的选题应当突出社会实际，大学生通过社会实践，以参观、考察、调研等形式，深入了解社会、社情和民情，就是把从课堂和书本上学习到的理论知识运用到现实生活当中，解决思政理论课堂中遇到的重点难点问题和现实社会生活中不断出现的新情况、新问题。同时，把从实践中获得的新鲜材料和经验用于检验理论学习的成果，找出理论和现实的差距并做出正确的分析判断，不断提高运用理论分析问题的能力，这样的社会实践才能有效检验课堂学习内容，对理论知识加以运用，更好培养学生的动手能力，让学生通过社会实践更好适应社会需要。

二、学业相关内容

社会生活包括不同的层次和方面，社会生活的方方面面都有值得研究的内容，应当把更多精力投入研究社会普遍问题或者能够通过自身努力解决的问题上来。社会实践是探索社会实际问题的活动，应当切实瞄准实际问题寻找解决办法，社会实践会因为选题的差距在解决实际问题的效益上产生不同，有的社会实践因为找准了实际问题，花费一番精力就能对社会实际产生很大帮助，有的社会实践因为问题找不准，研究走弯路，付出了极大努力也没有得到应有效果。

高水平选题的社会实践可以比较深刻地反映问题实质，对社会的部分运行规律进行阐释，揭示社会价值流动的规律，而选题有待提升的社会实践一般只能描述实际问题，对问题解决方案的探讨停留于就事论事的层面，缺乏全面的、系统的、宏观的、长期的解决问题的思路。

因此，在社会实践的选题上，应当侧重考虑社会具体关注的、群众急需解决的普遍问题，或运用专业知识对细节问题进行透彻分析，避免对显而易见的问题进行重复研究，对现阶段难以解决的问题进行无效论证，对已经非常完善的事项吹毛求疵，多做雪中送炭的工作，少做“锦上添花”的无用功。

对于缺乏实际社会工作经验的大学生来说，发现并且制定一个能解决社会实际问题的社会实践主题是有一定难度的，尤其是对于第一次需要对问题进行独立且完整思考的大学生来说，其经常会陷入“平时发现了一堆问题，但是要着手解决的时候却无从选择”的境地，出现这种现象的主要原因是大学生在对问题的把握和观察社会的角度方面缺乏经验，应当从第一次社会实践选题入手，切实积累社会实践选题经验，提高对社会实际问题的把握观察能力。在第一次独立开展社会实践选题工作时，也可以适当借鉴以往社会实践选题，历史经验对现实工作常常具有指导价值，过往存在的问题在现代社会中也会以其他形式内容表现出来，大学生可以以课堂学习内容和个人在某个领域的特长为切入点，思考这个领域是否有适合作为社会实践选题的问题，学习以前开展的社会实践内容，争取不做无基础的社会实践，接续前人经验，继续开展好下一阶段的社会实践。

（一）社会热点

社会热点是各种社会实践选题最主要、最丰富和最常见的来源。某一段时间内社会现象、社会行为、社会问题、社会事件的热点趋势，大学生可以在其中发现合适的社会实践选题。大学生在结合社会热点进行社会实践选题时，应当注重思考与自身专业兴趣相关的领域，观察他人普遍关心和重点指向的内容，从纷繁复杂的社会现象中提炼出可供深入研究的实践主题。

（二）既有优秀项目

已有的优秀社会实践项目是经过时间检验和有关部门认定的具有实际价值的社会实践活动，此类社会实践在内容上比较丰富，成果上比较突出，选题上直击要点，具有很强的现实指导价值。大学生进行社会实践选题时，可以参考近年来既有优秀社会实践项目，总结优秀社会实践项目的选题、实施、成果、效益之间的关系，通过对自己社会实践预期成果的规划，对社会实践的选题进行大致判断，从既有优秀社会实践项目中吸取经验，在实践规划、研究方法、报告撰写等方面总结规律，对自身社会实践项目形成有效指导。

三、选题分类

（一）服务社会

社会实践的一大目标就是服务社会，大学生接受高等教育的最终目标就是学有所成，回报社会，大学生通过社会实践活动可以提前掌握服务社会所需技能，对日后自身工作有一定的预判，为今后自身查漏补缺提供参考。服务社会的社会实践活动也能拉近大学生和社会实际的关系，让大学生了解国家不同地区的社会实际情况，树立起更加合理的世界观、人生观、价值观，为思想政治教育提供更加鲜活的经验支撑，更好助力大学生的成长成才。

大学生社会实践应当瞄准服务社会这一主题，深入生产生活第一线，体察群众实际，体验社会现实，将实践主题与社会生活结合起来，深入人民群众，多走访社会中欠发达地区，多和普通劳动人民打交道，帮助他们解决一些实际问题，倾听他们关于职业现状和社会规律的观点，为社会活动、基层生产、职业发展提供专业可靠的建议，帮助社会解决微小问题，勇于探索、敢于研究、勤于思考、大胆实践，借助社会实践的开展，更好地服务社会现实。

（二）能力提升

能力提升是大学生开展社会实践的重要目标，大学生拥有充足的理论知识储备，需要通过社会实践的锻炼培育将理论知识与现实社会相结合，借此加强能力的综合应用水平。大学生应当通过自主开展社会实践，找到已有能力与实际需求、已有能力与最高标准之间的区别，切实提升真才实学，努力成长为具有核心竞争力的社会人才。

社会实践是大学生走向社会的重要跳板，只有在社会实践阶段提升实际能力，才不至于在求职创业的过程中因能力不足而错失良机。所以，大学生应当在在校阶段就通过合理的社会实践选题来提升自己在专业方面的能力。

大学生社会实践在选定能力提升方面的选题后，应当结合前文提及的实践方式，结合学校已有的实践资源和社会资源，因地制宜开展社会实践活动，在较短时间内针对自己的短板弱项，向有关领域的前辈学习，向社会中具有丰富经验的人学习，提升专业能力，把个人发展更多地融入到职业提升和行业进步中，融入到社会潮流和国家需求中，实现人的价值的全面体现。

四、选题要求

一个科学合理的社会实践选题对大学生做到知行合一、勇立时代潮头具有重要意义。社会实践的选题设计关系实践成败，社会实践选题是否得当对社会实践活动的后续开展具有决定性的作用。一个恰当的实践选题，固然不能保证社会实践活动一定能成功，却是取得成功的一个必要条件。但一个不可行的实践选题，不管其方案设计如何周密，活动进行何其认真，不可避免会导致失败。大学生是社会实践的主体，是社会实践的“主角”。他们希望能在实践活动中发挥主观能动性，利用知识储备与自身优势，走入社会、贴近群众、服务于人。

在社会实践过程中，很多大学生都忽略了社会实践的选题策划环节，盲目相信自己的实践能力，过于乐观预估社会实践成果，缺少发生困难的心理预期，缺乏实践经验及相关知识技能，最终导致社会实践的失败。因此，在社会实践选题的确定阶段，需要实践者具有开阔的视野、敏锐的洞察力、较强的判断力和一定的社会生活经验，用专业理论知识和综合实践素质将社会实践的成果做到有效、深入、扎实。

社会实践的选题方向对社会实践的成果有决定性作用。社会实践是大学生接触社会、了解社会的重要媒介，社会实践是对特定问题和客观世界的研究，必须有适当的选题进行统领。一个科学合理的社会实践选题对实践活动具有整体统筹的意义。确定了一个社会实践的选题方向，随之就要确定社会实践的活动地点、团队规模、实践形式等，并做出实践活动效果的合理预测。社会实践活动最终想要达到什么目的、实现什么任务、确定怎样的实践对象、形成何种实践成果等，都与社会实践的选题息息相关。

（一）具有合理性

统筹选题的新颖性是影响社会实践活动效果的重要因素。

社会实践的创新性原则可以概括为从无到有以及优化改进两类。从无到有的实践选题具有创新性，是从实践题目到实践形式再到实践内容都是全新的、前人从没有做到的问题，达到别人没有的新阶段，这类选题下的社会实践活动开展起来难度较大，实施也较困难，但一旦取得良好的社会实践效果，其研究价值高，社会影响力也大。

因此，这就需要实践主体有扎实的理论基础和实践经验，统筹选题时要对选题进行深入的研究和探讨。而优化改进类实践题目在大学生统筹选题时最为常见，是从旧的社会实践题目中挖掘出新的研究内容，从而提出新的研究观点和看法。也要看到，虽然前人已经在某个领域做了大量的研究，也获得了不少研究成果，但如果在统筹选题时，能够以独特的视角抓住其隐藏的角度，以敏锐的思维立足新的方向侧重点，从而开展一系列的实践活动，也是非常有价值和有意义的。

统筹实践选题要基于已有的某一种社会实践选题方向，在选题设计的思路、采用的方法、依据的理论、观察的角度、研究的内容、选择的对象、开展的形式等某一方面或某几方面与前人有所不同，使选题有自己独到和新颖的地方。同时，选题的统筹还要起到对学生的专业学习、解决实际问题、融入社会等方面的能力及思想道德修养的提升和示范作用。

社会实践选题的内容制约实践过程。社会实践选题的提出与确定，是设计方案、安排活动进程的基础和前提。选题不同，其实践的活动内容、实践的对象范围、实践的调查方法、实践人员的选择确定、实践团队的规模大小、实践工作的统筹安排都会有相应不同。如果社会实践的选题没有经过充分设计与考虑，在社会实践的过程中难免会遇到困难与问题，其根源就在于社会实践选题内容的不当。

能否确定一个可行性强、有吸引力、创新性强、大小适宜的社会实践选题，直接影响大学生社会实践活动开展的难易程度，关系社会实践活动项目的策划、开展与实施，尤其是实践成果的价值性、创新性、适用性、先进性、新颖性等。因此，选择和确定一个内容适合的社会实践选题，不仅有利于保证实践活动的顺利进行，提升实践成果的质量，还有利于增强大学生的实践能力，全面提高大学生的综合素质。

（二）具有创新意义

创新是一个民族进步的灵魂，是一个国家兴旺发达的不竭动力，也是中华民族最深沉的民族禀赋。大学生社会实践就是要在实践中不断开拓视野，增长才干，在实践中了解社会，学习新经验，研究新问题。

因此，社会实践的选题也要具有创新性，选题要随着时代的发展而不断更新，突破原有的思维模式，提出某种新的思路，研究某种新的见解，利用有限的课堂理论知识在特定的实践环境中去改进或创造新的理论、方法以及路径。社会实践选题要有创新，也要对创新加以鉴别，既不能盲目追逐社会上的热潮，一窝蜂开展某类创新工作，也不能步子跨得太大，研究需要特定学科基础的工作。

发现问题是解决问题的基础，提出一个好问题可以更加高效地解决实际问题。社会实践的选题是确定实践任务的首要工作，适切的选题对成功开展社会实践活动可以起到事半功倍的作用，对于整个实践活动的有序开展、科学性、现实意义都具有重要的影响。可以说，一个合适的选题是社会实践活动成功的一半。

（三）具有实际价值

开展社会实践活动是沿着发现问题、分析问题、解决问题的思路，进行活动组织与策划的过程，确定社会实践选题就是“发现问题”的过程，只有明确了要解决的问题，确定了实践目标，才能开始“分析问题”，继而确定选题的活动目的、方向、内容与规模，展开对社会实践活动的全面部署，并运用社会实践的多种调查手段与网络技术来“解决问题”，以达到社会实践的效果。

不同的社会实践选题影响着社会实践“受教育、长才干、作奉献”的实践效果，单纯的观察学习社会实践的实践效果就远不及切身操作型社会实践，从现象上说，这些社会实践效果差异是由社会实践的不同目标造成的，但从根本上讲，则是由社会实践活动策划时的实践选题方向所决定的。

社会实践的实用价值是衡量社会实践选题是否合理的关键指标，社会实践的开展都有特定目标，有的社会实践活动是为了服务社会，有的社会实践活动是为了提升自身能力，有的社会实践是要通过研究科学理论和实践方法间接地服务社会、提升能力。

选题一定要体现社会实践的实际价值，不能订立过于虚浮的选题，不应当订立远远超出实际适用范围的选题，造成研究成果抽象、研究效果不佳、研究适应性差的结果，导致社会实践团队花费大量时间精力却无法取得预期目标。社会实践的选题要根据社会实际和学生实际，紧密结合实践预期目标和已有资源订立，力求通过实践的开展对外界产生贡献，体现出社会实践的实际价值。

（四）具有可行性

可行性是指社会实践的组织管理程序、方式方法在具体实施前以及实施过程中是否能够很好运作，是否能够通过运作取得预期成果。社会实践的选题决定了社会实践项目是否具有相对可行性，绝大多数的社会实践原则上都具有可行性，但是可行性的程度不尽相同。有的社会实践选题通过大学生自身以及同学老师的适当帮助，通过走访社会、贴近社会，花费可接受的时间、精力、经费即可达成目标，这样的社会实践就具有比较高的相对可行性。

然而有的社会实践需要庞大的人员团队支持，需要动用大学生自身、老师等多方资源，协调社会较多的方面，花费比较难以接受的时间和精力来达成，虽然可能会得到更大的效果，但是对于绝大多数社会实践团体而言，这样的社会实践可行性较小，应当在慎重考虑后再行选题。

可行性，也就是社会实践选题要考虑和分析社会的各种主客观条件，比如人力、物力、财力等各方面资源的支持，社会实践选题要善于利用资源，需要通过以下四个方面做到节约与高效。

一是以专业与基础知识、实践与综合能力、实践主体的优点与特点等为内容充分估计统筹选题的主观条件。二是以学识水平与实践经验、生活经历与综合素养、操作技术与组织能力等为内容量力而行，客观评估自己分析问题与解决问题的能力。三是选题的统筹要充分结合实践主体的兴趣爱好与特长专长。四是把握统筹选题的大小要适度。选题要从大处着眼，小处着手，不能“大事做不来，小事又不做”。

社会实践的内容难度不能过高，必须具有可操作性。一方面，社会实践选题的大小直接影响社会实践活动开展的难易程度。统筹社会实践选题时，应该充分考虑到该选题涉及的活动目标、活动内容与活动效果，有些选题范围过大、难度较大且内容复杂，学生不容易把握重点，需要社会实践主体具备丰富的实践经验，也需要其具有较强的分析问题和解决问题的能力。因此在实践过程中，很难做到细致入微，其研究成果也会空洞肤浅。

社会实践的选题必须契合自身情况。统筹社会实践选题时，只有选择那些能发挥自身特长且有所感、有所得的题目，符合自己的兴趣爱好，这样才能投入激情与热情，发挥能力与潜力，以此确保实践选题的现实可行性，保证社会实践活动的效果，提升社会实践报告的质量。大学生既要充分考虑到性别、年龄、语言、体能及身体健康状况等生理因素方面的限制，也要考虑自身的知识积累、实践经验、综合素养、经济状况、兴趣特长等主观因素。

第三节　社会实践的立项申报

一、社会实践的策划及申报

社会实践的顺利开展实施，扎实细致的准备工作是必不可少的，正所谓“不打无准备之仗”。社会实践作为一项在社会环境中进行的教育活动，大学生深入现实生活，很多环节和工作需要自己去面对，有时会遇到意想不到的问题和困难，如果相关准备不够充分，“碰钉子”在所难免。充分、周密、细致的准备工作，也将促进社会实践的顺利实施，有助于更好地实现育人功能。

制定科学规范的计划方案。任何社会实践的启动，都不是盲目的，它们都有一定的方向。之所以能把各层次、各个启动主体的动力整合为统一的社会实践的启动系统，完成社会实践整体的运行目标，一个重要原因就是调整不同启动主体的动力方向，使整合后的总体启动方向与社会实践总目标趋于一致。

（一）社会实践的总体策划

社会实践的实施计划、方案决定了社会实践的方向，科学、严谨、翔实的计划、方案是启动机制中的重要一环，也是社会实践得以顺利启动的保证。计划、方案的制定要突出导向性、全面性、操作性、前瞻性和完整性，从而便于组织实施。所谓导向性，就是计划中要明确活动主题、总体思路等。全面性就是对社会实践活动各个阶段边界划分清晰，任务目标、活动要求、参与形式等规划全面。操作性就是在总体指导规划的基础上，将总体目标细化为具体、可衡量的任务、步骤，明确责任人、时间表和预期成果。前瞻性就是确保计划具有可实施性。这要求制定计划时，要考虑实际操作中的困难与挑战，提前规划解决方案，确保计划的顺利实施。完整性就是对实践活动各阶段的工作要求进行明确的计划。

学校、院系的计划方案要包括实践的步骤、组织形式、动员部署、具体实施、深化总结、评价考核、评比表彰等；实践团队的计划则要进一步明确实践活动的目的意义、实践内容和形式、预期成果、行程安排、实践地点、具体分工、安全预案、注意事项等。要进行充分有效的自我准备。所谓自我准备，就是大学生个体或团队在教育者的指导下，为参加社会实践做好各方面的准备工作，包括心理、装备、经费等，自我准备是社会实践活动前最基本的准备内容。

物质准备，包括一个阶段内在实践当地生活所需的各种用品，如身份证、学生证、介绍信等证件，日常生活用品、手机等联络通信设备、常用药品等。实践活动资料的准备，如社会实践登记表、记录本、宣传材料、调查问卷等。实践活动用品要根据不同的活动类型进行相应的准备。

社会实践一般在假期、课余时间进行，并且身处校外，面对与校园内相比纷繁复杂的社会环境，大学生的阅历、经历不够丰富，应对突发事件时能力不足的弱点会暴露出来，涉及自身安全的影响因素较多，为此必须制定可靠的安全措施并形成一定的机制。社会实践应从以下四个方面着手制定安全措施：第一，系统深入开展安全教育。教育内容包括社会实践期间常见的安全隐患，交通、饮食、住宿、卫生、乘车、与陌生人交往、消防、旅游等方面的安全教育和突发事件的应对处置专项培训等；第二，签订安全承诺书。每位参与社会实践的成员在充分理解并接受安全教育内容后，需郑重签订安全承诺书。这份承诺书不仅是对个人安全行为的自我约束，也是对社会实践团队整体安全负责的表现。承诺书中应明确个人在交通出行、饮食卫生、住宿安全、个人卫生、乘车纪律、与陌生人交往、消防安全及旅游安全等方面的具体行为规范，以及面对突发事件时的应急响应措施。同时，承诺书中还应包含对违反安全规定所应承担的责任的明确表述，以此强化参与者的安全意识和责任感。第三，实施严格的安全管理制度。为确保社会实践活动的安全有序进行，应建立一套完善的安全管理制度。这包括但不限于：制定详细的安全管理计划，明确安全管理职责和分工；建立安全巡查机制，定期对活动现场进行安全检查，及时发现并消除安全隐患；设立安全应急小组，负责突发事件的快速响应和处置；建立安全信息报告制度，确保安全信息的及时传递和反馈；加强与当地公安、消防、医疗等部门的沟通协调，确保在紧急情况下能够得到及时有效的支持。第四，加强安全风险评估与监控。在社会实践活动筹备和实施过程中，应持续进行安全风险评估，识别可能存在的安全风险和隐患，并制定相应的风险防控措施。同时，利用现代科技手段加强安全监控，如安装监控摄像头、使用GPS定位系统等，实现对活动现场的实时监控和人员位置的准确掌握。此外，还应建立安全风险评估的动态调整机制，根据活动进展和外部环境变化及时调整安全策略和措施，确保安全管理的针对性和有效性。

社会实践的策划主要由几部分构成：选题的确定、地点的选择、人员的招募、经费筹集、日程规划。良好的准备工作是社会实践顺利开展的前提，没有充分周密的准备，社会实践就会陷入“拆东墙补西墙”，一时起意、临时决策、缺乏计划、成果有限的境地。因此，大学生应当在完成社会实践的选题后，结合选题要求对社会实践的内容开展进行详细策划，完成社会实践申请书和执行任务的撰写，为后续实践提供充足准备。

（二）地点选择

社会实践的地点选择主要根据社会实践的选题决定，应当在选题阶段就对社会实践需要对接的单位和涉及的个人和社会团体进行联系，沟通社会实践过程中需要对方协助开展的细节，征求对方的意见，在得到肯定答复后制订更加详尽的社会实践计划。

在社会实践地点的选择中要充分考虑选题和地点的联系，例如，这个选题是不是必须在这里开展？这个地点和这个选题的关联是不是足够密切？在这个地点开展这个选题活动是不是能得到相对好的社会实践效果？社会实践的地点选择也要考虑到地理位置的便捷程度，例如，这个地点的公共交通是否完善？餐饮住宿保障是否全面？在和选题相契合的前提下，社会实践团队要有意识地利用便利的条件，例如前往学校的实践基地等，通过调动更多的优势资源使实践活动能够比较顺利地开展。

另外，也要充分考虑不同地区在食宿、生活保障方面的价格水平，尽量将预算控制在可接受范围内，防止超出预期或不在预算范围内的临时支出。在社会实践地点的选择过程中，也要充分考虑到突发情况，应当选择社会实践资源比较充足、有一定回旋余地的社会实践地点，避免因为一个社会实践环节关闭或是无法取得预期成果而导致整个社会实践团队需要长途跋涉进行下一个社会实践环节的情况，尽量让同一主题的社会实践活动在一个地理范围内进行。

（三）人员招募

人员招募对社会实践的成果有十分重要且长远的意义，邀请的指导老师专业是否对口、经验是否丰富，有无足够精力详细指导社会实践工作，能否在资源上对社会实践团队提供协助，都会极大影响社会实践开展的效果。团队成员来源配比是否合理，年龄层次分布状况、所学专业技能、私人关系等都是社会实践团队在人员招募过程中应当考虑的问题。

选择指导教师要考虑以下五个因素：一是指导教师具有一定社会实践活动经验；二是指导教师从事的工作领域与实践选题方向有一定相关性；三是指导教师有时间、精力和意愿参与社会实践活动全过程；四是指导教师有责任意识，能够承担外出实践学生人身安全、实践成果转化等相关责任；五是如果指导教师不能跟团一同外出实践，也要做到全程指导、全程监督。

高校中可以承担社会实践团队指导工作的教师一般是思想政治理论教师、专业课教师、党政干部、辅导员等，不同类型的教师指导类型也有不同。思想政治理论教师可以结合思想政治课内容对社会实践进行理论指导，更好把握社会实践的主题和实践意义；专业课老师可以更好结合专业知识进行指导工作；党政干部可以更多联系调动社会资源协助实践的开展；辅导员可以更多结合学校政策为社会实践提供经验方法的指导。

指导教师的参与可以使社会实践活动更加具有专业性，老师的参与可以有效解决大学生初次进行社会实践遇到的实际问题，为大学生社会实践提供坚实的保障。一般情况下，指导教师应争取随团进行实时指导，但是部分指导教师由于同时承担教学科研和行政任务难以随团出行。这种情况下，团队成员要与指导教师保持密切联系，定时反馈实践活动开展情况、活动进度和活动效果，确保社会实践活动的安全稳定开展。

社会实践指导教师的邀请工作应当由社会实践负责人具体执行，在合适的范围内根据教师的繁忙程度、经验积累、专业领域进行选择，尽量在做好社会实践初步计划后，向意向教师发出邀请，在取得肯定答复后，征求指导教师关于社会实践的指导意见，建立更加紧密的师生关系，综合指导教师意见和实际情况对社会实践计划进行修改，并据此对社会实践的成员招募条件进行调整，让社会实践团队人员精简、成员合作高效。

社会实践团队成员的邀请招募应当突出自愿原则，一般来说，社会实践团队招募的成员要与社会实践发起人具有类似兴趣爱好或者同样的专业学科，或是通过共同参与其他已有活动认识的同学友人。基于已有关系建立起来的社会实践团队具有天然的凝聚力，能够较好地理解社会实践指导教师和社会实践带头人的目标想法，能够减少社会实践前期的沟通成本和磨合时间，实现社会实践团队的步调一致、共同决策，提升社会实践计划制定的科学性，为社会实践的顺利进行提供人员保障。

（四）经费预算

经费预算是支撑社会实践开展的最基本环节，经费预算的策划制定要严格计算，既不能在每项预算中使用最高标准，造成预算经费的严重超标，也不能为追求预算金额的合理性过分压低预算，造成社会实践后期经费超支的问题。要结合网络中、书本中对社会实践地点的社会经济描述，按照社会实践的开展时间，争取实现确定长途交通费用、住宿费用的精确数额，然后对餐饮、市内交通等花费标准进行大致框定，结合点评网站、打车软件等提供的信息，确定这部分的预算范围，最后对社会实践本身需要的经费预算进行计算，如印刷费、设备租赁费、礼品费、书籍费等编制预算。在此基础上，考虑人身安全保险等保障性花费，最后得出相对准确的预算范围。

经费准备，要提前根据活动内容、形式、实践目的地的远近、交通工具的选取，以“压缩支出、勤俭节约、量力而行”为原则，制定科学、合理的经费预算以及完整可靠的安全预案。对大学生进行生命财产安全教育和保障是教育者义不容辞的责任，也是确保大学生顺利开展社会实践的基本保障。

在确定预算范围后，社会实践团队负责人要结合学校对社会实践的经费支持政策对社会实践的各个环节进行动态调整，尽量将预算控制在学校经费支持范围内，对于内容复杂、天数较多、可能取得重大成果的社会实践项目，在预算编制时要与学校有关部门充分沟通，在保证社会实践顺利开展和学校财务政策允许的情况下，综合主管部门意见适当对社会实践的天数和实践流程进行调整，力求让预算既能覆盖实践范围，保障实践人员的基本生活水平，也能减轻学校财务负担，减少学生垫付资金的压力。

预算确定后，要制定清晰的预算和决算登记表，确定各项花费的支出时间和支出负责人，对每一笔钱的支出清晰记录，借鉴企业财务管理的知识提升社会实践经费管理的可靠性、科学性，通过合理计划让社会实践在开展过程中严格按照预算进行。

二、申报书撰写

社会实践的申请书是将社会实践团队前期规划内容进行系统概括总结，对社会实践预期成果进行凝练，综述社会实践开展的各方面信息，将其上报到学校有关部门并获取社会实践开展支持的信息媒介。部分学校在审批社会实践项目、决定社会实践活动支持经费时侧重对社会实践申报书的考察，优秀的社会实践申报书将有助于社会实践团队在获得支持、申请经费等方面取得优势。

社会实践申报书也是社会实践团队在前期准备阶段系统梳理社会实践内容、预判社会实践成果的关键性材料，团队人员共同撰写申报书，对于加强每个成员对社会实践内容的把握、通过集体决策防范遗漏具有积极作用。

（一）写作的主要内容

不同学校的社会实践申报书的格式模板各不相同，但在基本内容方面具有较强共性，申请书主要包括团队基本信息、背景意义、实践计划、预期成果、可行性分析等内容。在社会实践申请书撰写过程中，社会实践负责人要组织社会实践参与人员认真填写个人信息，确保学校有关部门可以通过申请书顺利联系到实践参与人，对社会实践的开展情况进行实时了解。

在社会实践的背景意义部分，应当根据以往社会实践的开展情况，总结已有类似主题社会实践的现实意义，在社会实践的背景方面，深挖现实社会中与社会实践主题密切相关的内容，重点突出时代特征和时代问题，力求通过社会实践来反映时代特征、回答时代问题。

在社会实践的计划部分，要按照社会实践的开展顺序，严格列出每个时间段社会实践参与人需要开展的工作，尽量做到精确细致，让社会实践的开展有据可循；在撰写预期成果时，要参照以往社会实践的成果内容，研究已有社会实践流程和自身社会实践流程之间的区别，在不同之处挖掘新成果、新发现，让社会实践基于既往成果，注重边际创新，用较小的实践投入换取更大的实际效益。

立项方案是实践活动的纸上演练，一份好的立项方案包括：项目主题与团队基本信息、课题来源及背景、项目概述、主要活动预期目标和实践成果、可行性分析等内容。

项目主题与团队基本信息。项目主题系社会实践活动的选题，团队名称一般基于实践主题和内容类型而定，如果内容类型在项目主题中已经说明可以不再重复团队名称，团队名称是教师了解社会实践项目最先接触到的信息，更要做到简明清晰、无歧义，尽量不出现新词汇和网络用语。

课题来源及背景。简要介绍课题的缘起和理论背景，方便了解实践项目的意义价值。

项目概述。这部分是立项方案填写的重点，一般应当包括社会实践项目的主题、意义、内容、类型、实践对象采用的方法和工具等，应写明社会实践要解决什么问题，解决到什么程度，用什么方法来解决。

预期目标及实现成果。预期目标要写明实践活动能发挥什么样的作用，是提供有关方面的决策参考，还是提高个人专业认识和综合素质。实践成果可以是学术论文、调研报告、文化作品、商业产品等，也可以是解决某些实际问题的方法。

可行性分析。这部分是立项方案中对项目进行自评，内容包括时间，项目主题的重要性，是否符合“受教育、长才干、作贡献”的原则，是否具备开展实践的主观条件，是否保证安全，是否准备充分，形成何种有价值的成果，还需要将指导教师对实践项目的评价填写在可行性分析中。

（二）写作的要点技巧

申报书的写作是最终提交社会实践项目前关于选题策划的一个阶段性总结。在撰写时要做到思路清晰、考虑周全，申报方案中的各项内容必须逻辑清晰，按照有关部门规定的模板逐项填写，便于评审教师在较短时间内掌握实践项目的意义、内容、成果等重要的信息。

申报书撰写过程中，可以适当借鉴已有的优秀申报书内容，在社会实践的背景意义等方面参考已有领域的硕士博士论文，加深对研究问题的科学认识，凝练学界对问题的共同认知，重点突出学术论文尚未解决的问题，强化社会实践的实践属性，在社会实践的申报书中着重体现创新点、提升点，提高社会实践获批概率。

在社会实践申报书的撰写过程中，要充分结合社会实践筹备阶段的各种材料，灵活运用“腾讯文档”等现代化办公软件，号召社会实践的参与人员共同编写集体决策，便于社会实践参与人发挥各自专业优势，分摊撰写任务，创作出具有多种专业属性、反映团队集体智慧、代表团队集体意志的申报书。撰写过程中要注意以下几点：

主题明确。社会实践活动选题应有明确的主题方向，实践活动的策划、实施都要围绕主题推进。在活动中不能跑题，不能临时更换主题，不能出现多主题并行实践的情况。走马观花、游山玩水、变相旅游更是大忌。

任务明晰。社会实践选题决定着成员任务分工。好的实践选题，需要分工合作才能取得预期的实践成果。实践团队要在选题立项的基础上，群策群力，分工合作，努力形成实践合力。

成果导向。好的实践要有明确的成果导向，要以解决实际问题、满足人民群众日益增长的社会服务需求为出发点，实践成果要具有一定的社会价值、学术价值、应用价值和创新价值。

可行性强。选题立项要充分考虑实操性，做到实事求是，团队要认真评估任务的主客观条件，清晰研判活动中可能出现的难处和不确定性因素，充分考虑物力、精力、财力，以及专业知识、经验技能等，不做无用之功，不打无准备之仗。

结合专业。实践要充分考虑专业特点和学科优势，要学会将书本知识转化为指导实践的具体行动。只有充分结合了专业知识的实践选题，才会更容易分析问题、解决问题，形成价值高、角度新、内容丰富的实践成果。

注重传承。很多学校的社会实践活动都是具有传承性的经典品牌。这些品牌活动经过多年的积累与创新，具有较高的社会影响力和认可度，在选题立项时不要只顾求奇求新求变，要注重传承与创新，不断丰富深化活动形式和内涵。

第三章

大学生社会实践的准备及筹划

第一节　社会实践组织基础

一、团队管理

（一）团队任务分配

社会实践的工作任务总量大、种类多、跨度长，需要结合实践情况和成员特长进行分配。社会实践团队要通过任务分配明确各个成员在团队实践活动中的目标方向，做到所有成员在思想上统一，在行动上清晰，进而促进成果上的出色。

社会实践过程中的各个方面也需要有对应负责人员，例如财务会计、对外联络员、照片拍摄者、数据收集者等，应当在团队中选出最有优势的成员担任专项工作的负责人，让具体工作有人监督、有人汇总，避免在准备决策阶段出现意见不能统一、任务分配过于零散的情况，导致工作开展质量不高。

社会实践团队在任务分配方面要进行职责分解，严格落实主体责任。让任务分配符合团队实际、符合主题要求、符合成员意愿、发挥成员特长，通过合理的任务分配做到成员之间的高效分工合作。

在完成任务分配后也要确立社会实践的规范制度，对成员任务完成情况进行考核，从而确定如何对团队成员进行选拔、监督、评价、推优。要建立任务完成动态考核机制，对团队成员分配到的工作任务进行指标划分，让任务完成情况受到社会实践团队全体成员的共同监督，对工作内容进行集体讨论和反馈建议，动态提升任务完成质量，确保社会实践活动的顺利开展。

社会实践活动团队原则上设队长1人，团队成员数量不限，少则二四人，多则10余人， 般以6 8人为宜。团队成员各司其职，在统筹策划、文案编辑、财务管理、外联沟通、对外宣传等方面协调配合，确保实践活动顺利、高效地完成。这里列出常规实践分工：

表3-1　常规实践分工

成员构成	工作职责	基本要求	核心任务
队长	统筹规划社会实践活动	能够理解本次社会实践活动的意义与价值； 对于社会实践活动的选题意向、实践形式、实践内容等方面有明确的认识； 具备领导意识、责任心、统筹协调能力和应变能力； 能够团结、关怀团队成员，凝聚成员共识，保证实践任务的顺利完成	组建团队并联系指导老师和实践单位； 制定立项方案； 协调团队成员分工； 把握实践整体环节，监督整体实践活动保质保量完成

续表

成员构成	工作职责	基本要求	核心任务
文案编辑	负责实践活动各项文案撰写	态度认真，有责任心； 具有较强的文字处理能力； 对实践任务、目标、成果有清晰的认识	撰写立项方案及社会实践成果等材料
财务管理	负责社会实践经费管理	工作细致、责任感强，具有良好的沟通能力； 熟练运用财务工具	管理各项实践活动开支
外联沟通	负责实践活动的对外联络	有较强的沟通协调能力	负责与实践单位沟通联系； 落实活动的支持资金
后期制作	负责活动素材的拍摄及后期制作	熟练使用摄影摄像设备，具备一定的拍摄能力； 熟练使用影像处理软件	完成活动影音记录工作； 完成素材后期加工处理
对外宣传	负责社会实践活动的对外宣传	具备较强的沟通协调能力，有一定的新闻稿写作能力； 能够熟练使用微信公众平台和微博等新媒体工具进行宣传； 具有自我宣传、自我推荐意识	撰写宣传文案、新闻稿等文字材料； 制作并发布与实践活动相关的新媒体作品； 向校内外媒体宣传社会实践活动的成果

（二）团队关系协调

当团队关系得到妥善协调时，实践团队在实践活动中能够实现高度的认知统一和有效的相互协作。具体而言，通过组织定期的团队例会、座谈和聚餐等活动，增进团队成员之间的相互理解，共同深入探讨社会实践的具体开展细节，从而强化团队成员的集体意识和目标导向性。此外，借助集中培训和团队研讨的形式，可以有效提升团队及其成员的实践基础能力、学习能力和凝聚力，为实践活动的顺利开展奠定坚实基础。

在社会实践的准备阶段，应引导团队成员开展共同学习，鼓励成员互帮互助、相互激励，构建内部互助机制，从而深化团队成员对实践主题、目标、内容及方法的全面理解与深度认同，促使他们做好充足的知识储备。同时，应提高团队成员的积极性和参与度，促进成员间的有效互动。通过持续的沟通、交流与分享，加强彼此间的相互了解与信任，强化集体荣誉感，进一步提升团队的凝聚力和战斗力。

要充分发挥高年级大学生“传、帮、带”的作用，开展社会实践团队的自我教育，增加低年级学生对社会的认知，培养社会实践意识。有社会实践经验的同学可以多介绍以往实践经验，让每位成员对社会实践活动的基本要求有清晰的认识。

二、项目管理

（一）项目进度管理

在大学生社会实践中，项目进度管理是一项至关重要的任务，关乎着整个实践活动的顺利进行和最终成果的达成。社会实践实际开展过程中，受制于环境因素的复杂多变，可能存在多种问题。例如，列车晚点、路程受阻、人员患病、调研失败等，实践效果可能与预期情况存在较大差距。因此，需要通过项目进度管理的方法动态控制社会实践进程，在不影响总体预算和计划的前提下尽可能达到社会实践预期结果。

项目进度管理主要指的是通过一系列的方法和手段，对实践活动中的各个阶段进行规划、组织、指挥、协调、控制和监督，以确保项目能够按时、按质、按量完成。在大学生社会实践的初期，项目进度管理首先体现在对实践目标的明确和对实践内容的合理规划上。团队成员需要明确实践的目标和预期成果，并据此制定详细的项目计划，包括各个阶段的任务分配、时间安排和资源调配等。

随着实践活动的深入进行，项目进度管理则更多地体现在对实际进度的监控和调整上。团队成员需要定期评估项目的进展情况，及时发现和解决实践中出现的问题，确保项目能够按照计划进行。同时，还需要根据实践活动的实际情况，对项目计划进行必要的调整和优化，以更好地适应实际需要。

此外，项目进度管理还涉及对团队成员的协调和管理。团队成员之间的沟通和协作是实践活动成功的关键。因此，项目进度管理需要注重团队成员之间的沟通和协调，确保各个成员能够明确自己的任务和责任，并积极配合其他成员的工作。

（二）费用管理

社会实践费用管理情况会影响社会实践开展的过程和质量。大学生社会实践中的费用管理是指在参与各种社会实践活动时，合理规划、有效控制和妥善使用资金的过程。这个过程涉及预算编制、费用核算、支出监管等方面的工作，旨在确保社会实践活动的顺利进行，同时最大限度地发挥资金的效益。

在实践开始前要进行合理的预算编制，包括对社会实践活动所需的各项费用进行估算，如交通费、住宿费、餐饮费、材料费等。通过综合考虑活动规模、时长、参与人数等因素，制定出符合实际情况的预算方案，为后续的资金管理提供依据。

在实践过程中，要进行严格的费用核算，应当建立统一的共享记账文档，设立社会实践团队内部会计出纳、大额资金支出专用账户，对社会实践资金进行统一管理，确保资金使用的透明度和合法性。例如，对车票购买、住宿预订、集体就餐等团体支出进行统一支付；及时登记各项费用的发生情况、金额和用途，并建立相应的财务档案和报表，以便监管和审计；对相应票据进行统一收集管理，防止因票据分散保管造成丢失，便于返校后进行报销。

费用管理要进行严格的支出监管，社会实践的费用要严格按照预算方案和规定的用途进行支出，避免浪费和滥用资金。同时，需要建立健全的审批制度和监督机制，确保资金使用的合理性和效益性，防止出现财务风险和违规行为。坚持勤俭节约原则，在条件允许范围内尽量缩减开支，确保社会实践活动的顺利进行和资金的有效利用。

第二节　社会实践开展技能

一、社会服务技能

（一）办公技能

公益服务是开展社会实践的常见主题，在实际社会实践开展经验中，有不少社会实践团队选择深入基层农村开展义务劳动，对基层自治组织、村集体企业等单位进行对点帮扶。据已有实践反馈，基层在具体工作开展、经验技术等方面一般不存在明显短板，但是在现代化数据处理、文字排版、多媒体宣传等方面存在一些改进需要。因此，社会实践团队成员需要熟练掌握基本办公技能，帮助实践对象解决实际问题。

数据处理技能。在基层工作中会产生大量的数据，然而一些基层工作人员年龄偏大，不具备学习计算机技术的条件，在数据处理等工作中依然使用手工方法，费时费力、存在较高的错误概率。社会实践团队成员应当学习以 Excel 为代表的数据处理软件，使用数字表格、自动计算、计算模拟等技术解决基层需求，并编写简明软件使用教程，便于实践对象的后续工作。

文本编辑技能。现阶段的文本信息传播工作多依赖于电脑文本编辑软件，在基层，尤其是基层群众性自治组织，每天有大量的文稿、报表、信息需要向上汇报，各种材料对文本的格式、排版要求不尽相同。社会实践团队成员应当学习以 Word 为代表的文本编辑软件，熟练掌握文本排版、段落编号、打印复印传真等技术。

图片视频技能。当前在基层管理中，“留痕”依旧是检查工作是否开展的重要手段，是否能拍摄清晰美观的照片、流畅有逻辑的视频也是外界评价的重要依据。但是在基层实践中，受制于工作人员经验缺乏、技术不精、器材老旧等原因，很难如实将工作情况通过照片、视频的形式传递出去。社会实践团队成员要掌握照片、视频拍摄的基本技术，熟练使用手机、相机、摄像机等器材，掌握适当的拍摄技巧，为基层编写多媒体工作读本，帮助基层更好地拍摄图片视频素材。

（二）文化体育技能

支教是不少学生的社会实践选题，在选择支教作为实践主题后，实践团队会联系条件相对困难的学校进行支教活动。例如城市中的农民工子弟学校、中西部的乡村学校等。这些学校的师资力量普遍较弱，在一些文化体育课的老师配备上存在短板，因此社会实践团队成员应当充分利用自己的专业知识，学习一些教育教学知识，掌握和低年级学生沟通的技巧，在授课前认真备课、磨课，多多听取学生反馈，邀请有经验的教师前来听课指导，让学生学到更多知识。

同时，社会实践团队成员也要学习一些体育知识，在教授文化课的同时，带领学生进行课余体育运动，在开展体育活动过程中要注意因地制宜，运动项目、运动强度要符合当地的气象特点，与支教地区的硬件设施情况相匹配。

（三）社会服务技能

在以社会观察、社会走访为主要选题的社会实践开展过程中，经常需要对社会实践对象进行帮扶，例如在社会实践过程中去养老院照顾老人、调研乡村留守儿童情况、研究城市外来务工人员心理情况等，这一类的社会实践因为要与不同社会群体打交道，所以一定要以情动人，积极主动为他们提供帮助，才能实现社会实践的真正价值。

社会服务主要包括心理纾解、生活帮助等内容。对待一些在情感上、心理上可能存在负面情绪的人群，社会实践团队成员要掌握基本的心理辅导知识，善于通过谈心谈话来缓解社会实践对象的心理压力，掌握语言沟通的技巧，在不引起他人反感的前提下获得自己需要的信息，实现社会实践的目标。而生活帮助的技能主要是面向中老年行动不便的群体，社会实践成员要帮助他们使用智能手机、查找资料、办理手续等，在服务过程中，认真倾听需求，不急不躁，扎扎实实为公益服务作出自己的贡献。

二、走访调研技能

（一）问题提出

走访调研作为社会实践一种比较复杂的开展形式，需要通过社会实践成员对实践地区的社会进行观察研究，发现实际问题并解决或提出解决方案。但在实际实践过程中，因为学生的社会阅历不丰富，往往只能看到问题的表象，无法发现问题的本质。

社会问题往往是牵一发而动全身，问题的各个分支错综复杂，涉及不同的社会分工、不同的利益群体，需要找到问题的“牛鼻子”，不能陷入相关性陷阱。在社会实践中，事物的作用是相互的，往往是互相影响、相互加深的。分析社会问题时，要分清问题的自变量和因变量，通过找出问题的症结来开展研究。

首先要提出问题，与问题中的人交流，“群众的眼睛是雪亮的”，一般情况下，小范围社会问题中受益最少者对问题的症结有着最深刻、最直观的感受，与他们进行交流有助于快速树立对问题的起因、问题的传导链条、问题造成的影响的直观认识。

但是受制于认识层次和主观感受，这个群体对问题的深层次原因和作用机理可能认识得并不周全，实践团队成员要在实践条件允许的前提下就问题的源头开展交流，对问题的作用机理、传播方式、影响条件进行研究，才能发现社会实际问题，提出更加具有实际意义的实践问题。

（二）指标设定

在走访调研过程中，社会实践团队获取的绝大多数信息都是社会群体的口头发言以及对某个话题的感性表述，例如“这个事情对我们也有一些影响”等模糊的表达。在传统实践中，团队成员一般不使用定量分析，而单纯凭借自己对语义的理解进行后续的研究，带来了一定的主观性和不确定性。

现阶段，社会实践团队在开展调研时，可以选择先调研几个对象，对调研对象提及的关键点进行梳理分类，形成关键指标体系，例如“年收入”“环境指数”“满意指数”等，建立模糊综合评价体系，对各类模糊的语言表达进行隶属度区分，这样可以避免大量调研数据的分析偏差。

（三）数据获取

在设定好调研指标后，要通过调研获取数据。数据有两类，一类是精确的数据，例如气温、人数、金额等，另一类是基于语义分析获取的需要而经过指标模糊处理的数据。在以往的社会实践过程中，实践团队存在着精确数据收集不全、模糊处理数据的问题。在精确数据的收集过程中，对于需要进行测量的数据，要备齐测量工具，对于关键数据采取多点测量、反复验证的方式，以确保获取的数据有高准确性。

对于语义模糊数据的收集，要扩大初始数据采集量，注意数据来源的普遍性和客观性，让数据源能够真实地反映社会实践研究的问题，避免因为主观意愿造成数据偏差。在对语义数据进行整合的过程中，要使用统一的转换标准，保持数据的隶属度均匀，为社会实践结束后的数据分析提供可靠的数据来源。

（四）实地观察法

实地观察法在社会实践中具有独特的价值，是一种深入实际环境、通过直接观察和体验来获取第一手资料的研究方法。这种方法强调在自然状态下，对研究对象进行细致、系统的观察，以便深入理解其内在规律和特征。

实地观察法强调直接感知和亲身体验。通过亲自到研究对象所在地，观察其环境、行为和生活状态，研究者能够更直观地了解研究对象的真实状态，感受到其文化、社会背景和生活方式，从而获得更全面、深入的认识。通过与研究对象的沟通，研究者可以获取更多的信息和内在动机，理解其行为背后的原因和意义，促进研究的深入和全面。同时，实地观察法注重研究者综合能力的培养。在实地观察过程中，研究者需要综合运用所学的知识、技能和方法，分析和解决实践中遇到的问题，培养自己的判断力、执行力和创新能力。

在实际应用中，实地观察法需要遵循一定的步骤和原则。观察开始前，研究者需要明确观察目的和对象，以一定的理论为指导、以观察对象实际情况为依据制订详细的观察计划，确保计划有意义且有可操作性。研究者进入实际环境后，需要对研究对象进行细致、系统、全面的观察，准确记录所观察到的现象和数据。在观察过程中，研究者需要保持客观、公正的态度，避免主观臆断和偏见，确保观察结果的可靠性和真实性。最后，研究者需要对所收集到的数据进行分析和整理，提取出有价值的信息和结论。

（五）调研访谈法

在社会实践中，调研访谈法是一种常见且有效的数据收集方法，具有广泛的应用价值。它通过与被调研者进行面对面的交流，系统地收集和分析有关某个主题或问题的信息，深入了解其思想、观点、经验和生活状态。这种方法通常被用于探索特定主题、解决问题或评估政策的实施效果，涉及开放式问题，鼓励被调研者自由表达。不仅能够获取第一手资料，还能够增强研究的真实性和可靠性。

调研访谈法在社会实践中具有重要意义。它有助于深入了解被调研者的真实想法和感受，弥补问卷调查等定量研究的不足。访谈法能够捕捉到被调研者的非语言信息，如肢体语言、面部表情等，从而更全面地理解其内心世界。此外，通过访谈，研究人员还能够与被调研者建立信任关系，为后续的研究工作奠定良好的基础。对于大学生而言，掌握不同类型的调研访谈法并灵活运用，是开展社会实践的重要技能之一。在社会实践中，大学生可以根据研究目的和具体情景，选择合适的访谈类型，并设计合适的访谈问题，以获取准确、全面的数据和信息。通过参与和实践不同类型的调研访谈，大学生能够进一步提升数据收集和分析的能力，加深对社会现象和问题的理解，为未来的学术研究和职业发展打下坚实的基础。

根据不同的分类标准，调研访谈法可以分为多种类型，每种类型都有其独特的特点和适用场景。按照访谈内容的开放程度，调研访谈法可以分为结构式访谈、无结构式访谈和半结构式访谈。结构式访谈遵循预先确定的模式，所有问题都是预先设定好的，适用于需要量化数据的研究。无结构式访谈则更加随意，受访者可以自由表达自己的观点、感受和意见，适用于需要深入了解受访者思想和态度的研究，但是难以量化，效果有限。半结构式访谈则介于两者之间，既有固定提问，也有根据受访者答案灵活提问的过程，适合用于广泛探索问题和深入理解受访者的复杂观点。按照访谈者和受访者接触的方式，调研访谈法可以分为直接访谈和间接访谈。直接访谈，即面对面的访谈，是常用的主流访谈方式，能够让调查者与受访者深入交流，通过观察非语言信息来理解谈话内容，适用于需要建立深厚信任关系和获取丰富信息的调研项目。而间接访谈则是通过一定的中介物（如电话、网络）进行的非面对面的交谈，适用于访谈内容较少、较简单或需要跨越地理限制的调研。

访谈要遵循以下步骤。明确研究目的和问题：在开展调研访谈之前，研究人员需要明确研究目的和要解决的问题，以便有针对性地设计访谈提纲和问题。选择合适的访谈对象：根据研究目的和问题，选择合适的访谈对象。访谈对象应具有代表性，能够反映研究主题的多样性。设计访谈提纲和问题：根据研究目的和问题，设计详细的访谈提纲和问题。问题应具有开放性，能够引导被调研者自由表达。进行访谈：在访谈过程中，研究人员需要保持耐心和礼貌，与被调研者建立良好的沟通关系。同时，要注意记录被调研者的回答和非语言信息。分析访谈资料：访谈结束后，研究人员需要对访谈资料进行整理和分析。可以采用内容分析、主题分析等方法，提炼出有价值的信息和结论。

访谈要掌握以下原则。保持中立态度：在访谈过程中，研究人员应保持客观中立的态度，避免对被调研者产生引导或偏见，确保访谈结果的客观性。尊重被调研者：尊重被调研者的隐私和意愿，避免涉及敏感或不适的话题。在访谈前，应明确告知被调研者访谈的目的、内容和使用方式，并征得其同意。确保访谈环境适宜：选择一个安静、舒适、私密的访谈环境，确保被调研者能够放松地表达自己的想法和感受。注意访谈技巧：在访谈过程中，研究人员应掌握一些访谈技巧，如提问、倾听、回应等。要耐心倾听被调研者的回答，及时给予反馈和回应，建立良好的互动关系。注意访谈记录：在访谈过程中，要准确、完整地记录被调研者的回答和非语言信息。可以使用录音、录像或笔记等方式进行记录，以便后续的分析和整理。保护数据安全：在收集、存储和使用访谈数据时，要严格遵守数据保护法规，确保数据的安全性和隐私性。

第四章

社会实践的实施

社会实践是大学生接触社会、了解社会、服务社会的重要途径。在进行社会实践的过程中，从准备工作到实际操作，再到总结反思，每一个环节都至关重要。为了确保社会实践活动顺利进行并取得预期效果，系统的实施方案是不可或缺的。本章将详细介绍社会实践的各个环节及其具体要求，帮助学生们顺利开展社会实践活动。

第一节　社会实践前

在社会实践正式开始之前，充分的准备工作是活动成功的基础。准备工作主要包括人员准备和物资准备两个方面。下面我们首先来看人员准备工作。

一、人员准备

（一）人员思想

社会实践开始前要引导团队成员做好思想准备，在以往的工作经验中，一些大学生对即将开展的社会实践没有充分地认识，对可能出现的困难与挑战没有思想准备，过于依赖自己的主观想象，没有按照客观世界的情况做好相应的准备，很容易在社会实践过程中出现心理问题。

目前大学生中，城镇户口居多，没有深入接触社会现实的经验，对乡村生活、生产实际缺乏认识，没有经过艰苦磨炼，对社会实际情况有着不切实际的幻想，如果大学生抱着这些想法深入社会与群众接触，参加生产劳动，会产生诸多困难。

在社会实践团队出发前，要把自己的身份由学生向实践者转变。发自内心地学习社会群众身上的优秀精神品质，摒弃贫富贵贱的落后观念。要主动融入环境，适应自己实践时所扮演的角色，只有同劳动人民保持一致，才能在社会实践的过程中逐步实现从扮演角色到认同角色的转变，从而实现思想认识上的提升。在做好身份转变的同时，还要学会正视实践中遇到的困难，学会适应环境，解决出现的问题。

（二）人员健康

健康的身体是大学生社会实践顺利进行的保证。外出的社会实践对大学生的身体素质、意志品质都提出了较高要求。社会实践前，大学生要有意识地对自己的身体进行全方位的调节和准备。调整作息时间，要了解实践地点的作息时间，例如要去农村研究土地人口问题，就要赶在农民早起上田的时候与农民边走边聊，如果早上 7：30 起床，就无法进行社会实践，为此要提前调整作息时间，为社会实践做好充分准备。

要注意调整饮食习惯，社会实践地点的饮食与学校可能有很大区别，要提前做好准备，避免到达实践地点以后的严重水土不服；同时要注意锻炼身体，社会实践过程中可能需要长途跋涉，背负较重的行李，对于平时不经常锻炼的学生而言，就需要有针对性地开展练习，避免开始实践后体力不支，影响实践成果。

（三）团队组建与分工

团队组建与分工是社会实践活动的第一步，也是确保活动顺利进行的基础。一个高效的团队需要具备多样性和专业性，涵盖不同领域和技能的成员。以下是团队组建与分工的具体步骤和注意事项：

确定目标和任务。在组建团队前，首先要明确实践活动的目标和任务。目标明确，才能有针对性地选择合适的团队成员。

招募成员。充分利用社交媒体，通过发布海报、宣讲等方式发布招募信息，吸引有兴趣和具备相关技能的同学报名，也可以在班级、社团、寝室招募成员。

筛选成员。根据报名情况进行筛选，选拔具有相关专业背景、实践经验和团队合作精神的成员，并且需要注意成员的性别比例，方便开展工作。

角色分工。明确每个成员的职责和任务，确保各个环节都有专人负责，常见的角色及其职责如下：

队长：负责总体协调和管理，制订实践计划，监督各项任务的执行。

副队长：协助队长工作，在队长不在时代替其履行职责。

记录员：负责文字材料的记录，包括日记、日志、采访记录等。

宣传员：负责活动的宣传工作，包括撰写新闻稿、及时发布动态等。

财务员：负责财务管理，记录和管理经费的使用情况。

后勤员：负责物资的准备和管理，确保团队的基本生活和工作需求。

为更好地开展社会实践，在策划初期最好寻找一位与社会实践选题方向相关的指导教师，一般可以与辅导员、专业课教师、思想政治理论课教师联系。指导教师可以为社会实践团队提供选题、组织、实践成果总结等方面的专业指导，确保社会实践的顺利进行。

二、物资准备

（一）生活物资

衣。根据社会实践开展的时间，主要携带当季使用衣物，结合当地实际情况，携带例如雨鞋、雨衣、墨镜等防护用品，也要配备一些反季节衣物，例如防风外套、汗衫、帽子等，防止突发的降温、高温天气。对于需要大量行走的社会实践活动，要带足鞋子、袜子，同时要在出发前关注好实践地点的天气预报，动态调整携带衣物。

食。食品携带要以健康安全为首要原则，对于社会实践地点比较繁华，近距离内能找到饭店的，可以携带少量的饼干、水果、饮料用于实践过程中补充能量；对于实践地点远离城镇、没有便捷的就餐条件的，要携带好烧水壶、压缩饼干、方便面、脱水蔬菜、足量饮用水等食品，确保携带的食品能够满足一日三餐。在社会实践过程中选择食品时，要时刻注意食品安全问题，避免选择不卫生的餐食，谨慎食用生冷食品，保证社会实践过程中的身体健康。

住。在住宿的选择上要特别注意安全，避免在偏僻郊外小旅店住宿，尽量选择在城镇中住宿，既能满足饮食需要，也能保障住宿的安全舒适。住宿时一定要确保人身安全和财物安全，贵重物品随身携带，房门随时落锁，留意逃生通道和安全出口。

行。交通工具的选择以便捷为重，短途城镇社会实践尽量选择公共交通出行，乡村远途社会实践在财力允许的范围内可租用小客车，在出行过程中要提前算好每段路程的距离，在选择交通工具时充分考虑到社会实践团队成员的情况，高温严寒天气下尽量不走远路，确保团队成员的身体健康。

（二）工作物资

携带的材料可能有一定的差别，常见的有以下几类：基本实践材料，一般包括笔、纸张、笔记本、档案袋等基本文具；《社会实践申报方案》《社会实践登记表》《实践日志》等活动策划与记录材料；介绍信、社会实践旗帜等身份证明材料；实践教材、相关文献等参考资料；赠送给实践单位的礼品或纪念品等。

电子记录设备一般包括照相机、小型摄像机、录音笔、电脑等。这些设备都比较贵重，要做好安全防范，妥善保管。特色活动材料，根据社会实践活动的类型不同，材料形式有很大区别。例如，社会调查类型的实践需要携带访谈提纲、调查问卷等资料；公益服务类型的实践需要携带相关的宣传或服务用品，如展板、宣传材料等；职业发展型实践可能会根据单位的需要，佩戴安全帽、相关防护用品等。大学生可以根据自己的实践活动进行准备。

（三）社会实践介绍信

社会实践介绍信是证明社会实践团队归属学校、联系社会实践对接单位的主要凭据，社会实践介绍信一般由学校发放，包含介绍信存根、介绍信本体、社会实践活动登记表三个部分，社会实践介绍信主要反映了社会实践人员的姓名、性别、学校、专业、实践计划日期、实践目标单位等内容，包含了学校社会实践主管部门与实践目标单位的介绍内容，为学生开展社会实践提供组织支持，社会实践介绍信部分需要加盖学校主管部门公章才具有介绍效力。

介绍信一般也包含社会实践活动登记表，用于对接单位了解社会实践主题、对社会实践开展情况进行记录评价。登记表主要包含了社会实践内容与主题、时间与地点、活动情况摘要、接收单位组织部门意见、学校团组织评价意见、校团委评价意见等。社会实践的介绍信要在实践开始前尽早领取，在与团队负责人或指导老师沟通确定一致后妥善填写，确保填写内容准确严谨。

第二节　社会实践中

一、文字材料的记录

社会实践的文字成果应当包括：项目总体实践报告、社会实践各个成员心得体会、社会实践调查材料汇总、社会实践系列新闻稿、相关论文等材料，根据报名项目的不同，各个主管部门会对文字材料有不同的要求。

文字材料是展示社会实践成果、集中反映社会实践过程的途径，在社会实践项目参与评选时，评比主办单位会要求社会实践团队提交文字版项目总结进行初审，所以社会实践文字材料的好坏直接决定了社会实践的评比结果。一般而言，高水平社会实践以及需要参与评奖评优的社会实践在文字材料方面要求较高。

社会实践的项目总体报告是系统总结社会实践开展情况、对社会实践各个方面进行记录的文本，一般的团队项目应当将总报告控制在万字以内，章节布置可以参考：前言、社会实践的团队情况、社会实践的背景意义、前期调研、调研过程、调研数据、数据处理、建模分析、成果结论、附录、参考文献等。总体工作报告在撰写的过程中，要坚持完成一部分内容、撰写一部分报告，或者在开展社会实践的过程中实时记录工作内容，保证在社会实践后期撰写总体报告时不缺乏素材。

社会实践的总体工作报告应当让每人负责一部分内容的撰写，具体章节负责到人，在核心难点、关键重点部分召集团队有关成员共同撰写，确保每一部分的内容都符合团队实际情况，反映社会实践团队的共同智慧。

社会实践的总体工作报告在撰写完初稿后，还应当进行多次修改，第一次初稿修改主要解决内容上的缺漏，由社会实践的负责人召集团队成员背对背检查稿件，对照社会实践的计划目标，检查是否漏写了社会实践的内容，对关键问题的描述和解决方案进行检查核对，确保工作报告在内容方面没有明显问题。

第二次修改应当重点解决工作报告中的语言问题，对表达不流畅、用词不精准的句子进行重整修改，召集在语言文字方面有较高水平的团队成员，集中提高工作报告的可读性，适当增加抽象概括、总结提炼的内容，让社会实践报告更加易读。在第二遍修订完成后，应当将社会实践工作报告交由指导老师审核，请指导老师提出对应的意见建议，在综合指导老师意见建议进行修改后，进行第三次修订，提升工作报告的学术内涵和推广价值。在完成第三次修订后，有条件的社会实践团队应当邀请相关领域的专家，对报告的内容进行把关，在创新点上重点打磨，提炼出“人无我有、人有我精”的核心竞争力。

社会实践各个成员心得体会应当在社会实践总体工作基本完成后，参与成员结合自己在社会实践筹备阶段、开展阶段、总结阶段的工作经验，自己在社会实践过程中印象深刻、受到教育、感触最深的几个方面，系统总结自己的心得体会。

社会实践调查材料汇总是在社会实践开展过程中收集到的信息汇总，例如访谈实录、数据合集等，这是社会实践的实证材料，在编写过程中注意标注数据的具体名称、采集时间、数据单位、数据说明等，材料汇总要特别注意排版记录格式，采用字母编号、类别编号、时间编号等编写顺序，为查找提供方便。在社会实践的后期工作中，需要根据这份汇总材料收集的信息进行数据分析，因此务必要保证这份材料的准确可靠。

社会实践系列新闻稿是在社会实践开展过程中实时反映社会实践实况、对社会实践开展进度进行宣传播报的文稿，具有很强的时效性，是反映社会实践开展实际情况、进行社会实践内容留存的良好途径。系列新闻稿要提前安排好对应撰写人员，在社会实践开展过程中要留意记录当天发生的事件，每日回到驻地后，整理出简短的新闻材料，编发当日新闻稿。新闻稿要突出纪实性、精练性、准确性、宣传性，通过简短的文字传递社会实践团队的工作，反映社会实践的成效，让更多人受到社会实践活动的鼓舞，传达积极向上的氛围。

相关论文等材料是社会实践工作结束后，系统总结社会实践科学理论，对社会实践提出问题、分析问题、解决问题、总结问题的过程进行总结，系统梳理相关领域已有的研究成果，对国内外研究方法和现状进行总结，使用前沿科学理论对社会实践涉及的关键问题进行系统阐述，通过构建指标评价体系、搭建数学分析模型等方法，对社会实践获取的数据进行应用，获得具有实践意义的学术成果。

二、多媒体材料的记录

图片及视频成果是佐证社会实践开展情况的重要补充，社会实践团队要在活动开展的各个环节注意图片、视频的留存，例如活动立项仪式、社会实践选题研讨会、行前动员会、社会实践团队在火车站前合影、在实践开展地与当地群众交谈的照片、现场调研的照片等，要在各个环节记录社会实践开展的情况，为后续社会实践成果展示做好准备。在活动开展过程中，也要有视频记录，一方面可以作为后续评奖评优的素材，另一方面能作为现场文字记录的补充。

对于有条件的社会实践团队，尽量使用专业器材进行拍摄，确保拍摄的图片和视频清晰、色彩鲜艳，具有一定的观赏性，适宜在媒体报刊上发布。社会实践团队应当对几名有一定拍摄基础的学生进行重点培训，让社会实践团队可以具备比较专业的图片、视频拍摄能力，也要对所有成员进行基本的拍摄技术教学，以使在分散行动、设备故障、特殊环境等情况下依旧能够获得图片视频素材。

真实性和形象性。真实是社会实践图片最本质的要求。可以说，真实性是社会实践图片的生命。坚持社会实践图片的真实性，就是社会实践图片要最为客观地反映社会实践的真实情况。如果为了一些目的背离事实，甚至是捏造事实而拍摄社会实践图片，是不符合要求的。大学生在社会实践时，一定要选择最有代表性的社会实践真实过程进行拍摄，而不要故意为了拍摄图片而拍照，甚至是运用软件对照片进行虚假性加工或修改。

一些好的实践图片，常被用在社会实践活动的宣传或新闻中，保证图片的真实性也是新闻图片的最基本要求。形象性是社会实践图片最突出的外在特征。图片最大的特点是形象地阐明事实，给人以强烈的视觉印象。社会实践图片的形象性原则，是指拍摄者要将所要记录的社会实践过程信息与选取拍摄图片的画面之间建立准确的对应关系。

社会实践开展过程中，图片视频的采集往往具有一定的专业性，而录音采集仅需要通过手机、录音笔等简单的工具即可实现。录音是记录社会实践过程、社会实践对象及社会实践团队成员所发表言论的最便捷方法，在后期可通过软件将录音内容转换为可编辑文本，极大地减少了社会实践后期材料整理的工作量，为社会实践全生命周期的数据收集提供便利。

社会实践的样本采集是实验型社会实践的关键环节，样本采集要严格按照有关学科要求，严格控制样本的数量、质量以及各项采集信息，确保样本充足有效，能够妥善保管，为后续社会实践研究提供科学支撑。

三、随行宣传

（一）行程宣传

大学生社会实践的行程宣传推广，是记载社会实践活动实况的主要方法，也是将零散的实践活动转化提升为成体系的资料的重要环节，是扩大实践活动的积极影响、为社会实践活动汲取帮助的途径。

在行程宣传过程中，要特别注重新闻写作的规范性和报送的时效性，写明当天社会实践过程中的主要事件、时间、实践的收获、效果等内容要素，总结出实践活动的亮点与特色。对于实践过程中拍摄了图片的，尽量加入几张具有代表性的图片补充报道；对于使用新媒体手段进行宣传的，还可以将实践过程的录像、录音加入进去，提高宣传材料的可读性。

（二）工作宣传

工作宣传不同于行程宣传，行程宣传主要是按照时间顺序记录社会实践开展过程，而工作宣传主要是针对社会实践过程中发生的具有代表性的事情进行报道。例如，社会实践团队与风力发电企业员工一同检修设备，详细了解风力发电原理，这一类事件具有明确的时间点，符合社会实践的核心主题，是社会实践必不可少的部分，值得进行重点报道，可以作为工作宣传的重点。

在工作宣传中，对时效性的要求稍弱，但要特别讲明时间、地点、人物、事件、背景、意义、影响，对社会实践过程中的问题、解决方案、落实情况进行详细记录，让宣传具有一定的故事性，成为读者了解社会实践主要内容、掌握社会实践情况的媒介。

第三节　社会实践注意事项

一、人身安全

做好自身安全防范是社会实践活动顺利进行的前提和保障。面对陌生环境中的各种潜在风险，社会实践团队成员的安全不仅关系到个人的健康和生命，还直接影响到整个实践活动的进程和效果。确保人身安全有助于团队成员集中精力投入实际工作中，避免因意外事故导致活动中断或成员受伤。

（一）交通安全

社会实践活动往往需要进行中远途活动，对于在山区、乡村开展的社会实践，往往需要换乘多种交通工具，在乘坐交通工具期间，要辨别车辆性质，不能乘坐非法运营车辆，避免乘坐夜班车、拥挤车辆。乘坐汽车时，要随时系好安全带，在骑车、步行时要严格遵守交通规则，仔细观察路况，避免发生危险。

案例：无照驾驶致多名大学生受伤

2018 年寒假，某高校一支大学生社会实践团队踏上了前往某贫困地区的支教之旅。由于决定仓促未提前预订车辆，于是就在火车站雇佣当地一辆路边低价揽客的汽车进行交通运输。在行驶途中，司机因连续长时间的疲劳驾驶而失去了控制，车辆不幸与一辆货车相撞。这场交通事故造成了团队中多名成员受伤。经调查该车辆不具有运营牌照，并且司机不具备驾驶执照。

通过这个案例，我们应深刻认识到乘坐黑车可能存在的风险和后果。大学生在社会实践中一定要慎重选择交通工具，切勿为了省钱和方便而轻易选择不安全的交通方式。交通安全是社会实践活动中最基本的保障之一，希望通过这个案例能够引起广大大学生的重视，时刻保持警惕，确保自身和团队的安全。

（二）财物安全

社会实践过程中还要特别注意财物安全，保管好个人财物，掌握基本的防盗知识；贵重物品随身携带，身份证放在内袋，尽量使用手机支付，不佩戴金银首饰等；定期清点个人财物，确保没有遗失或被盗。尤其是在交通工具、宾馆、餐厅等公共场所，离开前务必检查一遍，确保所有贵重物品都在身边。

如果有使用电子支付的情况，要及时关注银行账户的变动情况，确保账户安全。一旦发现异常情况，要及时联系银行进行处理。注意保护个人身份信息，不轻易泄露个人身份证号、银行卡号等重要信息，避免被不法分子利用进行盗窃或诈骗。在任何时候都要保持警惕，对周围环境和人员行为多加观察，一旦发现可疑情况，要及时报警或求助，避免财物安全受到威胁。

（三）住宿安全

在安排住宿时，务必选择正规宾馆或旅馆，并且减少住宿更换的次数，确保住宿环境安全可靠。避免选择无证无照的住宿场所，以免发生安全风险。入住宾馆后，要熟悉宾馆的应急设施，包括消防通道、灭火器等。在发生紧急情况时，能够迅速有效地采取应对措施。睡前务必确保房间门窗关闭并上锁，以防止不法分子进入房间进行盗窃或其他犯罪行为。

选择住宿地点时要留意周边环境，尽量避免选择治安较差或交通不便的地段，确保团队成员的安全。离开房间时，要随身携带贵重物品，如钱包、手机、笔记本电脑等，避免财物损失。在夜间外出或返回宾馆时，要加强室外安全意识，尤其是在陌生环境中，避免单独行走，要选择人多热闹的路段。

案例：房屋倒塌致两名实习大学生遇难

某高校教育系学生来到广西某民族小学支教，被安排入住到这所小学的宿舍。2024 年 5 月 31 日该宿舍楼发生房屋倒塌，导致四人被埋，其中两人重伤不治身亡，其余两人幸存。经调查，房屋存在多项结构问题，存在严重的安全隐患。大学生在开展社会实践时，住宿环境的选择必须慎重，一旦发现房屋存在安全隐患，应立即报告相关部门，避免类似悲剧再次发生。

（四）疾病预防

在进行社会实践时，疾病预防至关重要。为了保障大学生的健康安全，必须采取一系列的预防措施。首先，常见传染病的预防是重中之重，学生应提前接种针对目的地可能发生的流行性疾病的疫苗，并保持良好的个人卫生习惯，勤洗手、正确使用手消毒剂。其次，环境卫生控制也至关重要，包括饮用水安全、食品安全以及居住环境的选择。此外，个人防护措施也不能忽视，学生应根据当地气候和环境情况选择合适的衣物，并采取防蚊虫叮咬等措施。最后，在应急处理准备方面，学生应携带常用的急救药品，并提前了解目的地附近的医疗资源。通过以上疾病预防措施的落实，可以有效降低社会实践过程中患病的风险，保障大学生的健康安全，确保实践活动的顺利进行。

（五）生产安全

在社会实践过程中，不少社会实践团队会前往工厂、矿产企业等生产现场，要特别注意生产安全，仔细辨别当地存在的安全隐患，加强自我保护意识，配备自我防护器具。对于生产安全，大学生在社会实践过程中要认真参加关于劳动纪律、职业道德、生产安全、劳动防护、操作规程的教育与培训。

在实践过程中，要准确了解生产一线的基本情况，禁止一人单独开展野外生产活动，沿厂内划出的安全区域行动，行走时注意躲避头上的管道、天车和脚下的地槽、水沟等；生产现场不随便触摸裸露的管道与设备，不随便触动阀门与按钮。要正确穿戴和使用防护用品，避免随意着装。穿着相应的工作服，注意紧袖紧扣，不裸露胳膊、腿部等部位；穿着符合实践要求的工作鞋。

（六）野外安全

在社会实践中，野外活动是常见的形式之一，而野外安全则是确保实践活动顺利进行和成员安全的关键。在实践开始前，对目的地进行充分了解和评估，包括地形、气候、植被、野生动物等情况。制订详细的活动计划和安全预案，明确活动路线和行动时间。携带必备的野外装备，如地图、指南针、头灯、急救包、防水衣物、食品和水等。确保装备齐全且处于良好状态。

在野外活动中，保持团队成员之间的良好沟通和联系至关重要，妥善使用对讲机、手机等工具，确保团队成员随时可以相互联系。密切关注天气变化，特别是在山区、沙漠等复杂地形中，天气变化较为突然。遇到恶劣天气时，及时调整行程或寻找安全避难地点。遵守野外活动的安全规则和准则，不轻易冒险，不随意离开队伍，不超越个人能力范围进行活动。掌握基本的野外生存技能，包括搭建简易避难所、野外取水、野外生火等。在野外紧急情况下，能够有效自救和互救。

二、社交沟通

社会实践的开展过程中需要与陌生人沟通交往，要特别掌握社交沟通的技能，提高沟通效率。在社会实践过程中注意社交沟通，可以提升自身形象。在沟通中举止得体，可以给别人留下较好的印象，掌握适当的沟通技巧也会促进交往，迅速减少不同人群之间的隔阂，实现不同行业、不同年龄层次的顺畅沟通，进一步促进相互理解，增进交流，有助于社会实践的顺利开展。

在社会实践过程中，一定要尊重他人、不卑不亢，对于社会实践的伙伴对象要相互尊重、和睦共处、取长补短，时刻做到以诚待人、与人为善，虚心向他人学习，积极听取不同意见。

在与陌生人初次沟通时，掌握并恰到好处地运用会面礼仪，可以给人留下良好的印象。称呼、介绍、握手以及交换名片，都属于会面礼仪的基本内容。称呼他人时，要注意区分场合，善于选择恰当的类型。在沟通过程中要吐词清晰、表述准确、音量适中，多用礼貌用语。也要注意肢体语言和眼神的表达，在沟通过程中，目光平视对方，表达自己的尊重，在双方进行深入沟通时，多进行眼神交换，以增进对问题的共同理解。

在社会实践中，尤其是在与来自不同文化背景的人交往时，了解并遵守其习俗和禁忌是非常重要的。尊重当地的宗教信仰，在宗教场所和活动中要保持肃静、庄重的态度；遵循当地的饮食习惯和禁忌，不要随意挑食或浪费食物；避免在特殊场合或宗教节日时食用禁忌食物；避免使用侮辱性、歧视性的言语，尊重他人的语言、口音和方言；避免谈论敏感话题，如政治、种族、宗教等；避免穿着不得体或引人注目的服装，尊重当地的服饰文化；在宗教场所或特殊场合，应穿着得体、庄重；避免在公共场所大声喧哗或行为失礼，尊重他人的私人空间和隐私；不要在公共场所吸烟或喝酒，不要打扰他人休息或工作；在参观当地景点或拜访当地居民时，遵循当地的参观习俗，不要随意触摸或破坏景点和文物。通过了解和遵守当地的习俗和禁忌，可以有效地避免因文化差异而引发的尴尬和冲突，促进与当地人民的友好交流与合作。

第四节　社会实践过程中的研究

一、基础研究方法

（一）文献研究法

当学生参与社会实践并准备进行相关研究时，了解基础的研究方法是至关重要的。其中，文献研究法是一个很好的起点，因为它能够帮助学生对所研究的主题进行深入了解，同时提供丰富的参考资料。

文献研究法就像是在图书馆里寻宝一样，只不过这个宝藏是关于研究主题的各种信息和知识。在社会实践中，我们需要借助已有的文献资料，来了解和分析我们感兴趣的问题。

首先，学生可以通过图书馆的书籍、期刊、学术论文等，寻找与研究主题相关的资料。这些资料可能包括先前研究者的调查结果、专家学者的观点、新闻报道等。其次，要善于利用网络资源，特别是学术数据库和在线期刊。在这些平台上，可以搜索到大量的学术文章和研究报告，涵盖了各种各样的主题和观点。

在进行文献研究时，需要注意以下几点：

第一，确定研究范围。明确你感兴趣的主题，并限定研究的范围和目标。这样可以帮助你更有针对性地搜索相关文献。

第二，多方搜索。不要局限于一种资源，要多渠道搜索文献资料。有时候，一些重要的信息可能在不同的地方才能找到。

第三，筛选资料。在阅读文献资料时，要善于筛选和归纳，找出与你研究问题相关的信息，并进行整理和分析。对于某些研究领域或话题，文献的时效性非常重要。尽量选择最新的文献资料，以反映当前的研究动态和最新的研究成果。

第四，引用文献。在文献研究过程中，要合理利用已有文献的引用和参考，对自己的研究进行支持和论证。同时，也要注明引用的来源和作者，遵循学术规范和诚信原则。

在阅读文献资料时，要保持批判性思维，对文献中的观点和结论进行分析和评价。不是盲目接受，而是要理性思考，辨别真伪，形成自己的独立见解。通过文献研究法，你可以深入了解你感兴趣的社会问题，并为后续的研究工作奠定坚实的基础。

（二）跨学科研究方法

跨学科研究方法就像是把不同种类的积木拼凑在一起，每块积木都代表着不同的学科，当它们组合在一起时，就可以创造出更大、更复杂的结构。

首先，想象一下你正在研究一个社会问题，比如如何利用新能源技术来解决城市交通问题。你可以从工程学、经济学、环境科学和社会学等多个学科的角度来思考和分析这个问题。比如，工程学可以提供关于新能源技术的最新研究和发展动态，特别是聚焦于太阳能、风能等可再生能源的转化效率提升与技术创新，并深入探讨这些新能源在推动电动汽车等低碳交通工具发展中的应用原理与潜力，以及它们在更广泛交通运输领域的潜在影响。经济学可以提供关于新能源技术的成本效益分析和经济影响评估。例如，新能源技术的投资成本、运营成本和维护成本，以及其对城市交通运输系统的经济效益和社会效益的影响。环境科学可以提供关于新能源技术对环境的影响和可持续性评估。例如，新能源技术的碳排放量、污染物排放量和能源消耗量，以及对城市环境和空气质量的影响。社会学可以提供关于新能源技术的社会接受度和影响因素分析。例如，城市居民对新能源技术的态度和认知程度，以及新能源技术在社会文化、政策和法律方面的影响。我们可以深入研究如何利用新能源技术来改善城市交通系统、减少交通拥堵、降低能源消耗和减少环境污染。这就是跨学科研究方法的应用，它可以为解决实际问题提供更全面和深入的解决方案。

其次，跨学科研究方法要求我们不仅要了解各个学科的基本理论和方法，还要学会将它们融合在一起，形成一个整体的研究框架。这需要我们具备跨学科思维和能力，能够跨越学科边界，灵活运用不同学科的知识和方法来解决现实问题。

跨学科研究方法的优势在于可以提供更全面和深入的视角来理解和解决复杂问题。通过将不同学科的知识和方法相互结合，我们可以发现问题的内在联系和规律性，为解决实际问题提供更有效的解决方案。

总的来说，跨学科研究方法是一种综合利用多学科知识和方法来解决复杂问题的研究方式，它要求我们具备跨学科思维和能力，能够将不同学科的知识和方法相互融合，形成一个整体的研究框架，从而提供更全面和更深入的解决方案。

（三）系统分析研究法

系统分析是一种研究方法，它帮助我们在面对不确定情况时，找出问题的核心和原因，明确我们的目标，并找到解决问题的各种可行方法。通过比较这些方法，我们可以帮助决策者在复杂的环境中做出科学的选择。

系统分析法就好比是解决一个复杂问题时使用的一种工具箱。这个工具箱里装有各种各样的工具，每个工具都有自己的特定用途，但只有当它们被正确地组合和运用时，才能有效地解决问题。所以我们需要打开工具箱，仔细观察里面的每一件工具，了解它们的名称、功能和用途。这就好像是进行问题分析时，了解问题的各个方面和组成部分，再根据问题的特点和需求，选择合适的工具。有时候，可能需要使用测量工具来了解问题的尺寸和规模；有时候，可能需要使用分析工具来厘清问题的关系和影响因素；有时候，可能需要使用解决方案工具来制定有效的解决方案。然后，我们要将这些工具巧妙地组合在一起，形成一个完整的解决方案，就像是在拼装一台复杂的机器一样，每个工具都有自己的位置和作用，只有当它们被正确地安排和连接起来时，才能发挥最大的作用。

这种方法起源于系统科学，这是一个跨学科的新科学领域，它的目标是从整体的角度来研究和理解世界。系统科学的出现标志着我们的科学思维从过去主要关注于单个物体，到现在逐渐转向关注整个系统。这是一个重大的科学思维的进步。

系统分析法的核心概念是系统，系统是由许多具有特定功能的要素组成的整体，它们之间相互联系、相互作用、相互制约，形成一个有机的整体。就像马克思所说的，系统观已经成为马克思主义世界观的一部分，并且在实践和科学研究中得到了具体应用。

系统分析法的目标是将研究对象放在系统的框架中来考察。以大学生社会实践为例，我们可以将其视为一个系统，其中各个组成要素相互联系、相互作用，构成一个有机整体，发挥着特殊的教育功能。研究社会实践的培养机理和运行机制，就需要考虑到系统中的各个要素以及它们之间的相互作用。

二、问卷设计

（一）问卷内容设计

问卷调查在大学生社会实践中扮演着至关重要的角色。通过问卷调查，我们能够收集到大量的定量和定性数据，从而更深入地了解社会问题、研究课题或者社会实践项目的目标群体。问卷调查是一种常用的数据收集方法，它能够帮助我们收集到大量的信息，快速了解受访者的看法、态度、行为等。在大学生社会实践中，问卷调查可以帮助我们更好地了解目标群体的需求、问题和期望，从而有针对性地制定社会实践计划和项目。

在进行问卷调查时，良好的问卷设计至关重要。一份好的问卷应该具备清晰、简洁、客观、恰当、连贯等特点，以确保受访者能够准确理解问题，提供真实有效的反馈信息。问卷设计的原则是：

第一，清晰性。问卷中的问题应该清晰明了，避免使用含糊不清的语言，确保受访者能够准确理解问题的意思。

示例：您对太阳能发电的了解程度如何？

A. 很了解　　　　B. 了解一些　　　　C. 不了解

第二，简洁性。问卷应该尽量简洁，避免过多的文字描述或冗长的问题，让受访者能够在短时间内完成填写。

示例：您是否愿意购买使用太阳能充电板充电的移动设备？请用是或否进行回答。

第三，客观性。问卷设计应该客观中立，避免在问题中体现出主观偏见或偏向某种观点，以确保收集到真实的反馈信息。

示例：您认为太阳能在未来能否成为主要的能源来源？

A. 是　　　　B. 否　　　　C. 不确定

第四，恰当性。问卷内容应该与调查目的和受众群体的特点相适应，不同的调查目的和受众群体可能需要不同类型和风格的问题。

示例：作为定点扶贫县您是否愿意支付额外费用购买使用

新能源发电的电力？请用是或否进行回答。

第五，中立。问卷设计应该保持中立，避免在问题中暗示或引导受访者的回答，以确保获取真实和客观的数据。

示例：您认为政府应该增加对新能源发展的投资吗？

A. 应该　　　　B. 不应该　　　　C. 不确定

第六，有效性。问卷设计应该具有良好的有效性，即能够准确地衡量研究变量，确保问卷收集到的数据能够真实反映调查对象的特征或态度。

示例：您认为使用新能源对环境有何影响？

A. 正面影响　　　　B. 负面影响　　　　C. 未知

这些例子针对新能源这一社会实践主题进行了具体的问题设计，展示了如何在问卷设计中贯彻各项原则，以确保问卷能够收集到准确、客观的数据。

问卷设计的具体要求包括以下几个方面。首先，在设计问卷之前，必须明确调查的目的和要回答的关键问题。其次，根据调查目标选择合适的问卷类型（如开放式、封闭式或混合式）。问题应简洁明了，避免复杂的句子结构和专业术语。同时，问题设计应保持中立，避免引导受访者给出特定答案。此外，问题应全面覆盖调查主题的各个方面，确保数据的全面性和代表性。问题的顺序应有逻辑性，前后关联紧密，确保问卷流畅。封闭式问题的选项应全面、合理，并包含“其他”选项以涵盖未列出的答案。每个问题应独立存在，避免一个问题的答案影响另一个问题。适当使用开放式问题，以获取详细的定性信息。在正式调查前，进行小规模预测试以发现并改进问卷中的问题。通过遵循这些具体要求，可以设计出结构合理、内容全面的问卷，从而有效地收集所需数据，达到调查目标。

（二）问卷的具体设计

设计问卷是问卷调查中最关键的一步，它直接关系到调查数据的质量和有效性。一个设计良好的问卷可以有效地收集到所需的信息，并且使受访者在回答过程中感到舒适和愿意配合。

1. 问题类型

在设计问卷时，需要根据调查目的和目标人群选择合适的问题类型。常见的问题类型包括开放式、封闭式和半开放式问题。

（1）开放式问题：这种问题允许受访者用自己的话来回答，没有预设答案。这种问题能获取到详细的信息和受访者的真实想法，但数据处理和分析较为复杂。

示例：你对当前学校食堂的餐饮质量有什么看法？

（2）封闭式问题：这种问题提供了若干预设答案供受访者选择，便于数据的统计分析，但可能限制受访者的回答范围。

示例：你对当前学校食堂的餐饮质量满意吗？

A. 很满意　　B. 较满意　　C. 一般

D. 不满意　　E. 很不满意

（3）半开放式问题：结合了开放式和封闭式问题的特点，既提供了预设答案，又允许受访者补充自己的看法。

示例：你对当前学校食堂的餐饮质量满意吗？

A. 很满意　　B. 较满意　　C. 一般
D. 不满意　　E. 很不满意　　F. 其他：________

2. 问卷结构

一个结构合理的问卷有助于提高受访者的完成度和数据的有效性。一般来说，问卷应包括以下几个部分：

第一，引言。简要说明问卷的目的、重要性及填写方法等内容，确保受访者理解并愿意参与。引言部分是问卷的开端，用于介绍问卷的背景和目的，向受访者解释填写问卷的重要性，并提供必要的指导。一个好的引言可以提升受访者的参与积极性和回答的认真程度。

问卷目的：简要说明问卷的研究背景和目的，让受访者了解他们的回答将如何使用。

示例：本问卷旨在了解大学生对学校食堂餐饮质量的满意度，以便改进食堂服务。

重要性：强调受访者的参与对调查的重要性，确保他们认识到自己的回答对研究的价值。

示例：您的意见对我们非常重要，将直接影响学校食堂的改进措施。

匿名性和保密性：说明问卷的匿名性和数据保密措施，以消除受访者的顾虑。

示例：本问卷采取匿名方式，您的所有回答将严格保密，仅用于学术研究。

填写说明：提供简要的填写说明，告诉受访者如何回答问题以及大致需要的时间。

示例：请根据您的实际情况填写以下问题，整个过程约需5分钟。

第二，主体。主体部分是问卷的核心，包含具体的调查问题。这部分的问题设计和排列顺序需要特别注意，以确保数据的有效性和可用性。

问题顺序：一般来说，问卷从简单、容易回答的问题开始，逐步过渡到复杂、敏感的问题。这种顺序可以减少受访者的心理负担，提高回答的质量。

示例：可以先问受访者的基本信息（如性别、年龄、年级），再问他们对食堂具体方面的看法，最后询问较为敏感或需要详细描述的问题。

分组逻辑：将相关的问题分成几个部分，每个部分集中探讨一个主题。这样可以使问卷结构更清晰，受访者在回答时也会感到更有条理。

示例：一个关于食堂的问卷可以分为以下几个部分：

基本信息：受访者的个人资料。

食堂总体印象：受访者对食堂整体环境、服务态度的评价。

食品质量：受访者对食堂食品种类、味道、价格等方面的评价。

改进建议：受访者对食堂的改进意见和建议。

问题类型的搭配：在主体部分，合理搭配开放式、封闭式和半开放式问题，以获得全面和深入的信息。

示例：可以使用封闭式问题收集定量数据，如“您对食堂饭菜的满意度是?”（选项：非常满意、较满意、一般、不满意、非常不满意），再用开放式问题收集定性数据，如“请简要描述您对食堂饭菜的具体建议”。

第三，结尾。感谢受访者的参与，并提供联系方式，以便他们有任何疑问或需要进一步沟通。结尾部分用于感谢受访者的参与，提供额外的联系方式，并为整个问卷画上圆满的句号。

感谢语：感谢受访者花时间填写问卷，表达对他们参与的重视和感激。

示例：非常感谢您参与本次调查，您的意见对我们非常宝贵。

联系方式：提供调查负责人的联系方式，便于受访者有疑问或需要进一步了解时联系。

示例：如果您有任何疑问或需要进一步沟通，请联系：xxx@ xxx. com。

补充说明：如果问卷需要后续的抽奖、反馈或结果通知等，可以在此部分进行说明。

示例：我们将从完成问卷的同学中抽取 10 名，赠送精美礼品，获奖名单将通过邮件通知。

通过合理设计问卷的引言、主体和结尾部分，可以确保问卷调查的顺利进行，并提高数据的质量和受访者的体验。

（三）问卷的收集技巧

设定截止日期：在问卷发放时就设定一个明确的截止日期，提醒受访者在规定时间内完成问卷，并且在截止日期后及时收回未回收的问卷。

多种回收方式：采用多种回收方式，如线上提交、邮寄回复、面对面收集等，以满足不同受访者的需求和便利性。

提供奖励或激励：提供一定的奖励或激励措施，如抽奖、优惠券、礼品等，以增加受访者的参与度和填写意愿。

定期跟进：在问卷截止日期前后，定期跟进受访者的回收情况，及时催促未回收的受访者完成问卷，并确保问卷的及时回收。

保障问卷质量：在回收过程中，确保问卷的完整性和准确性，及时发现并处理填写错误或漏填的问卷。

三、数据分析

在问卷调查中，数据分析是将收集到的原始数据转化为有意义信息的关键步骤。数据分析的方法主要分为定量分析和定性分析两大类。以下是数据分析的基本方法和步骤：

1. 定量分析

定量分析主要处理数值数据，通过统计方法和数学模型来分析数据。常见的定量分析方法包括描述统计、推断统计、相关分析和回归分析等。

（1）描述统计

频率分析：统计各选项出现的次数及其所占比例，常用于分析封闭式问题的回答。

示例：计算不同满意度选项（非常满意、较满意、一般、不满意、非常不满意）的频率。

集中趋势测量：如均值、中位数和众数，用于描述数据的中心位置。

示例：计算受访者对食堂满意度的平均评分。

离散趋势测量：如标准差、方差和四分位数，用于描述数据的离散程度。

示例：计算受访者对食堂满意度评分的标准差，了解评分的波动情况。

（2）推断统计

假设检验：用于检验某一假设在样本数据中是否成立，如 t 检验、卡方检验等。

示例：检验不同年级的学生对食堂满意度是否存在显著差异。

置信区间：估计总体参数的范围，并给出一个置信水平。

示例：估计全体学生对食堂满意度的平均评分及其95%置信区间。

（3）相关分析

用于研究两个或多个变量之间的相关关系，常用皮尔逊相关系数。

示例：分析学生对食堂服务态度和食品质量的满意度之间的相关性。

（4）回归分析

用于建立因变量和自变量之间的数学模型，常用线性回归、多元回归等。

示例：建立模型预测学生对食堂总体满意度（因变量）与服务态度、食品质量等（自变量）之间的关系。

2. 定性分析

定性分析主要处理非数值数据，通过归纳和解释的方式来分析数据。常见的定性分析方法包括内容分析和主题分析等。

（1）内容分析

对开放式问题的回答进行系统编码和分类，提取常见的主题和模式。

示例：对学生关于食堂改进建议的回答进行分类，总结出主要的改进方向（如增加菜品种类、改善用餐环境等）。

（2）主题分析

识别和分析文本数据中的主题和模式，通常包括熟悉数据、生成初始编码、搜索主题、审查主题、定义和命名主题五个步骤。

示例：从学生对食堂的评论中提取出主要的主题（如价格、卫生、服务质量等）。

3. 分析结果的呈现

分析结果的呈现方式应清晰、简洁、易于理解，常用的呈现方式包括图表和文字报告。

（1）图表制作

柱状图：用于显示分类数据的频数或频率。

示例：显示不同满意度选项的频率分布。

饼图：用于显示各部分在总体中的比例。

示例：显示各满意度选项所占的比例。

折线图：用于显示数据的变化趋势。

示例：显示不同年级学生对食堂满意度的变化趋势。

散点图：用于显示两个变量之间的关系。

示例：显示服务态度评分和食品质量评分之间的相关性。

（2）报告撰写

摘要：简要概述调查的背景、目的、方法、主要发现和结论。

引言：详细介绍研究背景、研究问题和目的。

方法：描述数据收集和分析的方法。

结果：使用文字、图表和表格呈现分析结果。

讨论：解释结果，讨论研究的意义、局限性和建议。

结论：总结主要发现，并提出实际应用或进一步研究的建议。

通过以上定量和定性分析方法，可以系统地处理和解释问卷数据，从而获得有价值的见解，为研究和实践提供科学依据。

4. 数据分析的步骤

针对社会实践场景，数据分析通常包括以下三个步骤：描述统计、关联分析和解释分析。这三个步骤能够帮助理解数据背后的现象、探索变量之间的关系，并提供对数据背后意义的解释。

（1）描述统计是对数据进行总体描述和概括的过程，旨在了解数据的基本特征和分布情况。在社会实践场景中，描述统计可以帮助描绘受访者的基本情况以及调查指标的分布情况。

常见方法：计算频率分布、均值、中位数、众数等统计指标；绘制柱状图、饼图、折线图等图表，展示变量的分布情况。

（2）关联分析是研究变量之间是否存在相关关系的过程，有助于发现变量之间的潜在联系。在社会实践场景中，关联分析可以帮助了解不同变量之间的相关性，例如了解某些因素对于受访者态度或行为的影响程度。

常见方法：相关系数分析（如皮尔逊相关系数），用于度量两个变量之间的线性相关程度；斯皮尔曼等级相关系数，用于衡量两个变量之间的等级关系；卡方检验，用于检验两个分类变量之间的相关性。

（3）解释分析旨在从数据中挖掘出深层次的含义和解释，探索数据背后的意义和内在规律。在社会实践场景中，解释分析有助于理解数据所反映的社会现象、问题的本质和原因。

常见方法：文本分析，对开放式问题的回答进行内容分析，提取主题和模式；比较分析，比较不同群体或条件下的差异，探索其中的原因和影响因素；质性研究方法，如访谈、观察等，深入挖掘受访者的态度、行为背后的动机和原因。

通过以上三个步骤的数据分析，可以全面理解社会实践中所收集到的数据，从而为社会实践的进一步决策和行动提供科学依据。

第五章

社会实践成果的总结评价

第一节　社会实践总结材料撰写

社会实践开展结束后，就需要对社会实践成果进行整理和总结，在实践内容的基础上，经过分析研究，完成对社会实践材料的总结。这一过程对大学生从社会实践过程中提炼经验、提升认识具有十分重要的意义。

社会实践总结材料撰写具有时间跨度长、内容种类多、整体篇幅大、涉及范围广等特点，对团队的配合程度和个人的综合能力都提出了较高要求。进行社会实践报告的撰写需要前期的认真收集资料、中期的详细过程记录和后期的总结提炼经验，根据一定的行文思路与结构，将通过实践形成的观点加以详细的叙述和规范的表达。

一、素材的整理加工

（一）素材整理加工的方法

社会实践的素材整理需要全面、翔实、客观地展示实践的全过程和成果，以便更好地总结经验、反思不足、展望未来。

首先，素材的整理加工应当明确社会实践的主题和目标，如环保、扶贫、教育支援等。整理与主题相关的背景资料，包括政策、数据、案例等。确保材料的真实性和时效性。其次，整理的材料必须符合社会实践实际情况，避免夸大或虚构事实，要减少那些由于记录错误、设备故障等造成的影响，确保对社会实践情况的客观还原，如果整理出的材料出现事实含混不清、数据互相矛盾等情况，就无法得出可信的结论。最后，整理过程中也要保证素材的完整性，保持客观中立的立场，避免在素材中掺杂个人情感或偏见，搜集的材料应该尽可能全面、完整。比如，在研究一个社会问题时，既要有本次社会实践获得的材料，也要参考以往社会实践材料，同时可以整理一些史料作为对比研究，有助于客观认识实践的内容和实际意义。在对事物的分析研究过程中，可以从多个方面进行，更加客观地反映研究对象。整理方法也可以采用时间线、流程图、思维导图等，以便更好地展示社会实践的全过程和成果。

与此同时，整理素材也要注重材料的规范性，这有助于有效界定素材归属，比如，某一类素材的研究对象要统一，指标及其操作定义要统一，数据的计算公式、计量单位要统一，结果表现形式要统一等，使得材料具备推理、比较的基础。另外，素材也要具有简明性，整理所得的资料应尽可能系统化、条理化，并以集中、简明的方式反映调查对象的总体情况。

另外，整理素材时还需要考虑到素材的新颖性，要尽可能用新观点、新角度来审视资料、组合资料，比如整理形式可以包括文字、图片、视频、音频等，根据实际需要选择合适的形式。尽量避免按照陈旧思路考虑问题、反映问题，要从实践材料中发现新情况、新问题，才能为进一步研究打下良好基础。

（二）素材整理加工的意义

素材整理加工就是要运用科学方法对实践所获得的各类资料进行删减、整合、排序，使之系统化和条理化，并以集中、简明的方式反映社会实践完成总体情况。社会实践报告的撰写，就是对已有的素材进行整理加工，形成有条理的素材体系，为后续撰写相关的社会实践报告提供依据。通过对已开展的社会实践进行学习和研究，社会实践团队可以搜集到更加丰富的材料，包含文字资料、统计数据、图片、视频、音频、实物等多种形式的素材。

素材的整理加工是提高实践材料质量的必要步骤。社会实践获得的材料往往是分散的、零乱的，可能会存在材料缺失、重复记录等问题，需要进行一次全面检查和整理，以保证资料的真实、准确和完整，提高资料的质量和使用价值。整理加工也是研究和总结工作的重要基础，科学的统计分析和思维加工依赖于实践材料的真实、准确和完整。

素材的整理加工是采用正确的方法对实践材料进行整理，提炼出有科学意义的信息。整理加工也是保存资料的客观需要，数据、文字、图片、视频、样片等都是社会实践的重要原材料，是得出客观研究结论的重要依据，也对今后再研究同类的社会现象具有重要参考意义和价值。

二、报告的撰写方法

在开始撰写社会实践报告之前，首先要明确社会实践的研究主题和目的。主题应该与你的社会实践活动紧密相关，目的则是阐述你希望通过这份报告传达什么信息或达到什么效果。社会实践报告是通过详细的文字、插图、数据、模型等手段，对问题加以发现、分析、研究、总结的过程。在撰写社会实践报告的过程中，不仅要对已有的素材进行仔细甄别，还要在仔细研究深入思考的基础上，总结有效经验，揭示问题本质，寻找科学规律。通过撰写实践报告，将社会实践的背景意义、开展过程、问题挑战、基础数据、研究成果等进行系统展示，完成从实践到理论的提升。

社会实践报告作为系统反映社会实践过程、对社会实践进行全面总结的材料，要特别注意行文思路、结构和格式，可以参照已有的优秀报告进行撰写，体现报告的学术性、规范性和严谨性。一般来说，报告不仅应该采用清晰、简洁的字体和字号，还要注意报告的格式和排版，避免使用过于花哨的排版方式。同时，也需要注意段落的划分和标题的设置，以便读者能够更好地理解和把握报告的内容。

社会实践负责人要根据社会实践开展的实际情况，事先判断实践可能取得的研究成果，对报告内容进行整体规划，合理排布，筛选各部分内容的体量，从源头上提升报告的质量水平。

（一）标题的撰写

社会实践报告的标题应该简明扼要地反映实践的主题、目的与核心内容，要力求概括、简明、新颖。在社会实践参与评选时，好的标题能够直观传达社会实践的中心内容，吸引参评人员的注意力，为社会实践报告的内容开一个好头。一般来说，长篇社会实践报告需要有主标题和副标题，主标题是抽象的、艺术的、概括的写法，例如，《把绿色电力送上雪域高原》

既能反映社会实践的主要内容和关键亮点，又能引起读者兴趣，对报告内容进一步阅读，副标题的写法相对单一，主要用于具体记录社会实践的主题、时间、地点等，如《华北电力大学绿色电力协会2024年西藏社会实践纪实》，该报告要通过平实、客观、简练的语言传达信息，副标题起到佐证主标题、补充主标题、给读者提供具体信息的作用。所以标题要简短，不宜过长，避免使用模糊或复杂的词汇，确保标题能准确反映实践报告的核心内容。另外，如果实践报告是由团队完成的，可以在标题中注明“团队实践报告”。

（二）前言的撰写

实践报告的前言是整篇报告的引言部分，作为实践报告的开端，它起着引导读者进入主题，概述实践背景、目的和意义的作用，对全文具有总体性和指导性作用。前言的主要任务是向读者简要介绍实践的背景和起因，为读者提供一个大致的框架，从而为报告主体的写作奠定基础。实践报告的前言应该简明扼要，作为读者在标题之后阅读的第一部分内容，应该被仔细推敲。

前言一般是按照组织材料主体部分的结构顺序排列的，不同类型的实践报告的前言的写作方法会有一定的差异。在前言的几种写作类型中，最常见的是抽象类型，即对实践报告的内容（包括主题、对象、过程、结果、分析结论等）进行一般性的描述。

前言具体写法是，先介绍社会实践的开展背景，比如国家颁布了某项政策，或者某地存在的现象或问题；再阐述开展社会实践的具体支持，比如共青团中央下发了开展某年暑期社会实践的通知，通知中包含了社会实践的推荐选题；最后介绍社会实践开展的总体意义，比如通过某种科学研究方法，以多少次走访调研，通过获取哪些数据，可以得出某些结论，通过社会实践可以解决某地或某领域的问题，为这些问题提供可行的解决方案等。

（三）正文的撰写

正文是全文的中心和主要部分。这一部分要对社会实践的经历以及获得的有关材料进行叙述，需要详细描述社会实践的开展过程，包括团队组成、实施方案、具体活动等，对这些材料进行分析研究并加以讨论，对社会实践取得的结果和结论进行说明。

正文要说明社会实践报告的主要目的，叙述社会实践的基本情况，阐明社会实践的意义和相关行为。一是列举典型的事实或重要的数字，使读者容易理解中心思想和回答社会实践“是什么”的问题。二是提供具体的事例来解释主要思想，同时分析各种现象和问题之间的关系，进行分析和解释，使读者能够理解和信服相关的观点，解决社会实践“为什么”的问题。三是对上述描述进行分析，并提出必要的对策或建议，从理论上升华事实材料，深化实践报告的典型意义，即解决以后“该做什么”的问题。

正文的第一部分首先要介绍社会实践团队的基本情况，对团队研究基础、人员配置、过往研究情况进行总结，阐述社会实践团队开展社会实践活动的条件可行性。其次对社会实践选题有关情况进行概述，讲解这个选题有关内容的历史情况，梳理其中的发展脉络，引出社会实践的主题。大型社会实践活动还可以对活动指导思想进行概括，列举社会实践活动的理论依据和政策背景。最后，应当对社会实践的工作目标进行概括，列出社会实践计划开展的内容，例如文献研究多少本、走访调研多少次、访谈记录多少人，对计划取得的目标进行表述，例如论文若干篇、报告若干份、新闻报道若干次等。

正文的第二部分应当介绍前期调研情况，详细阐述社会实践立项以来，社会实践团队在指导教师和有关部门领导的大力支持和鼓励下，进行选题研究、共同决策、资料收集的过程，反映社会实践团队为了更好完成社会实践活动进行的前期准备工作，例如计算机编程培训、写作培训、访谈技巧培训、图片拍摄培训等。在这一部分中，也要重点介绍社会实践主题相关的情况，详细阐述主题有关的问题和既往研究，为后续社会实践活动做好铺垫。

正文的第三部分即对社会实践的开展过程进行分步阐述，以时间顺序或逻辑顺序记录社会实践的过程，在这一部分正文的撰写过程中要有统一的写作格式，例如，时间、人物、地点、主题、详细记录、意义。在写作过程中，要把当时的具体经过、实践人员的发言、当地人员的发言等原本记录进来，体现社会实践的具体开展过程，形成清晰的社会实践工作脉络，为问题的提出、转化、研究、总结提供清晰的素材基础。在正文的撰写过程中，也要拟好多级标题，通过不同长度、风格的标题概括某一部分的主要内容，便于读者快速了解社会实践开展情况。

正文的第四部分就是对获取数据的分析研究，符合条件的社会实践团队应当将问题及数据的条件总结列出，选取已有的成熟的数据分析模型，并对模型的运行原理和设计思路进行介绍，给出模型的基本代码和核心公式。数据分析遵循一个系统化的研究流程：选取指标，明确其选取方法；进行指标的相关性分析，并确定各指标的权重；对数据进行清洗与筛选，以确保数据质量；将清洗后的数据代入模型进行运算，得出初步结果；对模型进行修正与优化，最终得出研究结论。对社会实践获取的数据进行详细的科学处理运算，依托数学分析工具得出具有普遍意义的研究结果，产出具有定量分析意义的通用模型。

（四）总结的撰写

社会实践的总结部分要按照时间顺序或逻辑顺序，对各个社会实践环节的影响进行梳理，按照对社会实践团队自身、对社会实践对接单位、对社会实践开展地区、对社会整体的由小到大的逻辑，对社会实践开展的意义进行总结。

社会实践成果的总结，可以讨论实践过程中遇到的问题和解决方法，并对未来的研究提出建议。这一部分要结合社会实践的研究过程，有理有据地从现象推出结论，综合应用数据图表等工具，辅助说明结论的得出过程。社会实践的总结角度还要站在宏观角度上，从学生思想政治工作、社会能力培养、科研经验丰富等角度出发，全面总结单一社会实践活动对大学生群体产生的复合作用，让社会实践活动不仅仅拘泥于单一问题或单一现象的解决上，而且可以产生出更加普遍的、积极的作用。

（五）其他部分的撰写

社会实践报告的其他部分包括附录、参考文献、新闻稿、研究论文等部分。其中附录的撰写要严格按照社会实践的实际开展情况，把社会实践过程中产生的表格、文本、调查问卷、数据等内容有序融入整体报告；参考文献也要将社会实践选题立项以来，主要参考的、对社会实践研究产生了实际影响的文献，按照在正文中出现的顺序通过标号列出，体现对以往研究者和研究成果的尊重和感谢。

新闻稿部分要把社会实践活动开展的全过程中的新闻材料，在对照发布情况进行适当删改后汇入社会实践报告；研究论文要严格按照学术论文撰写要求，用科学研究的方法对社会实践问题中科学性特别突出的部分进行详细研究，产出对社会实践具有关键意义的理论成果。

第二节　社会实践的评价

一、社会实践的考核评价

（一）社会实践考核评价的作用

社会实践总结报告完成后，就需要将有关材料上交学校进行考核评价，考核评价是学校主管部门对社会实践开展情况进行检查，选拔优秀社会实践案例的主要依据，本部分将列举主要的考核评价方法，为社会实践团队准备考评材料提供参考。

社会实践的考核评价是学校主管部门对社会实践活动的选题、过程、结果以及在学术或实际应用上的价值进行现实评判的过程。通过组织社会实践活动的评估和评价，高校可以进一步掌握学生的社会实践情况，考核学生是否有通过社会实践获得新的能力，进一步总结社会实践工作的经验和不足。

（二）社会实践考核评价的意义

顺利通过考核评价，固然是大学生参加社会实践考核评价所追求的目的，但如果仅局限在这一点认识上，态度就过于消极。社会实践的考核评价对于大学生来说，还是具有非常重要的意义的。

首先，社会实践的考核评价是一个增长知识、加强交流学习的过程。为了应对社会实践的考核评价，大学生需要积极准备，对社会实践进行详细的梳理和总结。无论最终的考核评价方式是实践报告评阅还是进行答辩，都需要大学生对实践的过程、形成的观点熟记于心。

通过报告评阅、参与答辩，学习其他同学的先进经验，相互交流、相互启发，对比发现自己实践活动的不足。这本身就是一个积累知识、增长能力、提升认识的过程。社会实践的考核评价也是展示大学生才能、勇气、雄心、智慧、风度的好时机。

在考核评价中取得更高的评级是所有社会实践团队的愿望，这是对社会实践工作的认可，更有助于社会实际成果的推广应用，因此，社会实践团队要提高对考核评价的认识。社会实践评价是一个增加知识、加强交流学习的过程，为了应对社会实践的评价，大学生需要积极准备、整理和总结实践活动的各项细节与成果，社会实践成员将会对社会实践内容有更加深刻的认识，通过报告评审，参与答辩，学习其他同学的先进经验，相互交流和启发，对比发现自己实践活动的不足之处。因此，对大学生而言，考核评价是一个积累知识、增强能力和意识的过程。

通过考核评价，社会实践成员也可以更好地将社会实践成果宣传出去，借助公开答辩或材料申报，让更多专家学者看到社会实践内容，有助于让社会实践成员充分展示自身才华，锻炼口才。考核评价的过程也可以让参与考评的专家学者对社会实践开展情况进行指导，让学生有更多机会了解到实践过程中的不足，对实践结论中存在的问题及时发现、尽早优化，为今后开展更高水平社会实践打下基础。

二、社会实践考核评价的方法

社会实践考核评价标准是基于社会实践的社会价值和自身价值设置的、以若干指标构成的、有清晰的衡量方式的、可以得到具有差异性评价结果的一套体系，评价标准也随着时代变化不断调整和完善。一般来说，社会实践的考核评价主要需要考虑以下三个方面。

（一）选题情况

社会实践是围绕选题开展的，选题方向决定了实践的上限。选题的利益角度客观反映了实践者的水平和对社会实践的重视程度。评价社会实践选题的好坏，可以采用重要性、可行性和创新性三条原则。选题不仅应该紧密结合社会热点和难点问题，具有较高的社会价值和现实意义，还应该根据团队的实际能力和资源条件，确保在有限的时间内能够完成实践任务，更应该有新意，避免重复已有的研究，体现团队的独特视角和创新思维。同时也要考虑大学生社会实践的选题与专业学习、服务基层、深入社会的结合程度。

（二）实践过程

社会实践开展的过程是衡量社会实践团队是否认真对待社会实践的一个重要标准，在选题已经确定了大致工作量的情况下，社会实践团队要按照选题需要，认真开展好每个部分的研究任务。通过实践过程的努力，团队是否创造出对社会和自身有显著效益的成果，是评估的重点。社会实践开展过程中的数据获取量、走访人数、调研场次，是否按照策划申报方案严格执行等也都是评价社会实践过程的重要参考因素。成果可以通过发表论文数量、专利数量、报告详尽程度和实践对象认可度等来衡量。

（三）实践效果

实践效果是评价社会实践最重要的指标，在选题已经确定社会实践成果上限的情况下，社会实践团队通过实践过程的努力，是否创造出对社会、对自身有显著效益的成果，是评价过程中的关键指标。有的社会实践团队选题普通，开展过程也较为一般，但是产出了相对有价值的成果，让社会实践的对象和社会实践团队都获得了提升，则社会实践的开展也很有意义；有的社会实践团队选题立意高，开展过程扎实，但是因为自身原因没有获得有价值的研究成果，则需要进一步加强研究，不能认定为优秀社会实践。一般而言，实践效果的评价体系可以从发表论文数量、专利数量、报告详尽程度、实践对象认可程度等方面构成，具有较强的客观性，需要社会实践团队在筹备阶段就据此制定社会实践工作目标，以期更好的社会实践评价结果。

三、社会实践答辩

（一）答辩形式

答辩是评价大学生社会实践活动考核评价中最常用的方式。对于申请先进荣誉的实践个人或实践团队，一般都需要参加公开答辩，最后由专家学者评审确定奖项。社会实践答辩是由答辩人根据自己的社会实践情况进行介绍阐述，同时，参与答辩的专家学者也会根据学生的答辩情况提出问题。

由于答辩评委会根据社会实践汇报人的汇报内容进行主观提问，社会实践汇报人要快速对问题进行回答，所以答辩具有较高的不确定性，更能考验社会实践团队对社会实践内容的掌握程度。

答辩过程表达方式以自我汇报和问答交流为主，回应辩论为辅。一般来说，社会实践汇报人先通过视频或 PPT 展示的形式对社会实践情况进行概述，重点介绍社会实践开展过程中的创新点，阐述社会实践的积极意义，再由评委专家学者提出问题，由社会实践的汇报人通过资料及口头回答进行解释。

（二）社会实践答辩技巧

第一，要准备好答辩材料，掌握答辩内容。答辩材料一般采用短视频汇报的形式，也会使用电子幻灯片辅助汇报，答辩时也要携带纸质版的材料分发给评委，便于专家翻阅提问。答辩材料的准备要重点突出、立意鲜明、美观大方，将社会实践的创新点和成果全面展现，以社会实践开展过程作为辅助说明。答辩材料应以提纲性质的文字来表述，注意图文并茂、逻辑清晰，同时要结合以往专家提问的角度，认真撰写社会实践答辩的讲稿，与答辩材料相互比照配合、反复推敲练习。要调整好应对答辩的心态。答辩前应具备正确的答辩心理，树立成功的信心，避免因一时紧张忘记社会实践内容，导致无话可说。答辩评委的提问，一般会从了解社会实践开展过程、考察社会实践实效、提出合理化建议三个方面进行，主要是了解社会实践的实际开展情况、学生收获情况和成果水平等，对答辩中出现的论述不清楚、不详细、不确切或者有矛盾之处提出疑问。答辩者应针对教师的提问，给予必要的补充说明，阐述完整。

答辩材料的制作和呈现应与社会实践的主题和内容密切相关。答辩材料要直观、清晰，能够有效展示实践成果。一般来说，应该包括概述、实践成果、实践经验和收获这几个部分。概述部分应包括社会实践的主题、选题的背景和意义、实践的方式和时间安排概述。结果部分应作为答辩内容的主体，不同类型的实践结果是不同的。如在调查研究实践中应简要介绍调查方法和调查数据的来源，主要介绍调查数据的分析方法、得出的结论等，简要介绍活动的方向和过程，突出已取得实效的重点服务项目和活动；职业发展实践应以参与实践所获得的主要工作、知识和技能为重点。要注重经验和收获部分，这是实践向知识转化的升华，社会实践后的变化需要解释和总结。在答辩中，一定要注意细节和恰当性，注重对实际结果的解释，避免引入一些不相关的信息，导致答辩时因时间不足而未能介绍重点亮点。

社会实践答辩时间有限，因此在答辩中，无论是展示陈述说明还是问答交流，都要概括性强，答辩者的语言表达能力要能够准确传达实践内容和成果。陈述说明时，一定要配合好已有的答辩材料，提纲挈领、条分缕析，有层次性。如果出现播放错误、不顺畅等意外情况，也要保持冷静，按照原有的材料说完整。答辩总体进度要合理把握，防止语无伦次、东拉西扯，如果到了截止时间还没有说完，要尽快用简洁的语言表述并结束。回答问题一定要抓住要害，有针对性地作答。教师提问时，要集中注意力，听清问题的主旨和本义，必要时可以将问题记录下来。切忌在未弄清题旨、题意的情况下匆忙作答。

如果没听清教师的提问，可以当即提问请教师再说一遍。如果问题显得宽泛、模糊，可以请教师做些解释，或者把自己的理解说出来，得到肯定后作答。作答要切入正题，防止错位，抓住问题的要害和本质，简洁明了。

在社会实践答辩过程中，答辩者在问答环节的应答能力，要能够灵活应对评委的问题，对待问题要理性平和，尽量多解释、少争论。由于社会实践过程复杂多样，所以评委人员可能无法从短短的材料及汇报中了解社会实践的准确情况，因此会问一些可能不太准确的问题，这种情况下一定不要急躁，要认可评委的问题，进行基本的回答，委婉地向评委指出社会实践的实际情况，并将问题引导至合适的范围内，阐述社会实践的重点创新点。在答辩过程中一定要实事求是，不能胡编乱造，对于不清楚或者做得不好的问题要如实回答，诚恳地接受评委的意见建议，从评委的评价中吸取经验，为下次社会实践活动做好准备。

通过以上整理与总结，能够科学严谨地对社会实践成果进行系统的分析和评价，提升社会实践的整体质量与效果。通过对具体案例的深入分析和丰富的数据支持，可以更全面地展示社会实践的实际成果和影响，为后续社会实践活动提供参考和借鉴。

第六章

优秀社会实践案例

第一节　华北电力大学绿色电力实践项目展示

——用绿色电力点亮祖国每一寸土地

作为一所以能源电力学科为特色的大学，华北电力大学贯彻全国教育工作会议精神，紧紧围绕“培养什么人、怎么培养人”这一重大问题，结合学校“夯实基础、突出能力、注重创新、全面发展”的人才培养目标，强化大学生实践创新能力，积极搭建人才培养、科学研究、社会服务、文化创新四位一体的实践创新平台，持续三年深入开展“把绿色电力送到雪域高原”大学生新能源科技教育扶贫服务行动，引导大学生发扬“爱祖国、爱家乡、爱专业”的精神，采取“送设备、送光明、送人才、送服务”的方式，探求解决西藏等无电地区的用电对策。在服务社会的过程中，学生党员和团员青年们热爱国家、关注社会、服务人民的责任感和使命感得到提升，他们的责任之光、理想之光和创新之光在服务社会中熠熠生辉。

一、学校党委顶层设计，持续深入指导项目

学校党委认真贯彻落实全国教育工作会议精神，以提高学生社会责任感、创新精神、实践能力为重点，以培养国家、民族所急需的能源领域的杰出人才为己任，把握世界能源发展趋势，把国家对新能源利用的战略需求转化为学校的发展战略和目标，积极发挥大学战略智库的作用，引导学生关注国家和世界的能源问题。学校组织师生广泛调研，抓住解决西藏无电地区居民用电这一实际问题，先后实施“把绿色电力送到雪域高原”“绿色电力照亮长征路”大学生新能源科技教育扶贫服务行动，将其作为人才培养的一种典型模式来切实推进。以此项目为载体，大学生将社会实践、科技创新、创业乃至艺术创作相结合，取得了良好实效。

项目从大学生社会实践起步，青年学生在服务社会中点燃责任之光。为科学制定项目实施方案，学校于 2009 年 7 月选派由 4 名教师和 13 名大学生组成的“能源电力调研西藏行”主题社会实践团，深入西藏无电地区进行调研。实践团先后在直孔水电厂、羊湖水电厂、西藏电网公司调度中心进行走访，并深入墨竹工卡县工卡巴热村、日喀则市拉孜县节村、林芝市温浪村的藏族农户家中开展无电地区能源利用现状及应对策略调研活动，深入了解了西藏地区水能、太阳能、风能、地热能等可再生能源资源利用情况。

学校在充分了解西藏能源电力事业发展现状、发展规划，掌握第一手资料的基础上，组织校内外能源电力专家与相关部门对调研数据进行深入分析，通过对有电村和无电村能源利用

现状的对比，提出了西藏无电地区解决电力供应、改善能源利用状况的基本途径：一是在电网可接入地区，大力发展电网建设和电源建设。电源建设优先开发水电，其次为并网光伏发电，用商业化运作模式解决供电问题。二是在电网难以接入的地区，因地制宜地开发户用可再生能源发电系统解决居民的照明问题，用能源扶贫模式实现当地的电力基本供应。三是炊事、取暖等形式的生活用能问题，建议用集中沼气为主的二次能源替代现有生物质直燃的能源低层次利用方式。

项目进展过程中，学校指导学生同相关政府部门和企业进行深入沟通，获得了政府、企业、校友的支持。2010 年 4 月和 8 月，国务院研究室、教育部思政司、共青团中央学校部、国家能源局、国务院扶贫办、西藏自治区驻京办、团市委大学部等 8 个政府部门领导两次到学校，与师生共同研讨西藏无电地区能源供给应对策略，为“把绿色电力送到雪域高原”项目论证把脉，出谋划策。

2010 年 8 月，学校师生同相关政府部门和企业进行深入沟通，以“送设备、送光明、送人才、送服务”四位一体模式，为西藏拉孜县节村 53 户无电居民安装了太阳能照明设备，解决了该村的无电历史。“送设备”是指学校联合太阳能设备制造公司为无电试点村农户提供太阳能设备，改善农户的能源利用现状；“送人才”是指学校每年选拔和推荐 3—5 名优秀学生赴试点村担任“能源扶贫志愿者”，着力优化试点村新能源推广利用，为探索利用新能源解决西部无电地区的电力供应提供示范经验；“送服务”是指实践团成员为当地农户提供太阳能光伏发电设备的知识培训，为太阳能设备的使用和维修提供技术支持。

2011 年 1 月，学生再次赴拉孜县明码村开展新能源科技教育扶贫服务行动，帮助游牧民培训使用太阳能设备。随后结合全国“挑战杯”大学生科技竞赛，我校学生团队又两赴西藏调研，开展能源科技服务。扶贫服务行动不仅要为无电贫困地区提供相关的设备支持，更重要的是为当地群众提供智力支持。学校倡导赴藏大学生发扬“爱祖国、爱家乡、爱专业”的精神，发挥自身专业优势，在西藏无电地区认真组织当地群众进行技能培训，努力探索贫困地区实施能源教育的新模式，建立健全能源电力培训教育机制，逐步改善无电地区人民的能源利用状况，让“光明使者”走进千家万户，让绿色电力走进每一个无电村，积极推动解决西藏无电地区电力供应志愿服务行动的可持续发展。

2011 年，正值玉树地震之际，电力需求对灾区重建及重建后环境至关重要，大学生在学校专家的带领下前往青海玉树，提出一套适合玉树灾区电力重建的可行性方案《玉树地区光电与抽水蓄能的智能型区域电网》。方案提交一年后，由多方联合参与设计论证的国家金太阳示范工程“青海省玉树州巴塘 2 兆瓦水光互补微网发电示范项目”竣工并实现并网发电。

2012 年，大学生前往陕西省榆林神木市，历经 12 天走访榆林 8 个电厂，撰写调研报告，提交当地能源局。同时，先后前往新疆维吾尔自治区莎车县、内蒙古自治区兴安盟参与调研。在莎车县，深入当地无电村开展调研活动，提出利用当地太阳能解决电力供应问题的实施方案；在兴安盟完成了《兴安盟风电产业发展情况调研报告》《兴安盟生物质发电产业发展情况的调研报告》。

2013 年，学校启动了“绿色电力照亮长征路”活动，奔赴新疆、四川、江西、湖南、云南的少数民族无电村进行实地调研，同各民族群众深入交流，了解当地无电的历史、探求无电的原因、寻求解决光明之路，获得“首都民族团结进步先进集体”等荣誉。

2014 年，“绿色电力照亮长征路”西部无电区能源解困试点项目被选为民政部 2014 年中央财政支持社会组织参与社会服务示范项目之一，获得 60 万元的经费支持，施耐德电气（中国）有限公司提供了 30 万元的资金和价值 20 万元的设备支持。7 月 5 日试点项目志愿者前往哈萨克族聚集地新疆生产建设兵团 12 师 104 团二牧场开展“绿色电力照亮长征路”新疆能源解困试点项目，希望通过学校和志愿者的努力，共同探索一条新疆少数民族能源解困新模式，为当地牧民送设备、送光明。

8 月 10 日，大学生前往江西赣州兴国县崇贤乡齐分村（其中寨背组是个畲族少数民族组）开展太阳能光伏并网扶贫项目，预计除去居民生活用电外，还能给当地每户每年增收 4000 元。

“把绿色电力送到雪域高原”“绿色电力照亮长征路”项目——华北电力大学大学生新能源科技教育扶贫服务行动开展近五年来，大学生用所学服务社会，他们勇于实践和担当的精神风貌激起了良好的社会效应。2010 年 5 月，教育部第 84 期简报以《华北电力大学实施“把绿色电力送到雪域高原”大学生赴藏新能源科技教育扶贫服务行动》为题进行了报道。

《人民日报》2011 年 1 月 21 日教育版以版面头条三千字篇幅报道该项目，并配发编者按与题图，《求是》网站等予以转载。近年来，中国青年报社、光明日报社、中国教育报社、科技日报社等媒体及新华通讯社也持续关注该项目，各类媒体报道几十余次，“把绿色电力送到雪域高原”项目成为全国大学生社会实践的先进典范。2013 年 5 月该项目获批全国学校共青团重点工作创新试点项目。

2014 年 6 月，国家信访局回信肯定；2014 年 9 月，中央办公厅调研室回信肯定。党和国家部门在回信中表示，项目引领青年大学生积极开展新能源扶贫服务行动，帮助少数民族地区群众解决用电难的问题，用自己的行动展示了当代大学生勇于担当的责任意识和甘于奉献的良好品质。

2015 年 3 月，共青团中央书记处傅振邦书记回信肯定，对华电学子依托“挑战杯”项目进行创业实践并积极参与学校新能源科技扶贫服务行动表示肯定，该行为体现了当代大学生的价值追求和责任担当。8 月，大学生再次前往江西赣州兴国县枫林村开展太阳能光伏并网扶贫项目，新增光伏扶贫帮扶对象 19 户。12 月，共青团中央书记处徐晓书记回信肯定，赞扬华电学子跋山涉水、风雨兼程，深入边远贫困地区开展能源考察，为少数民族同胞带去光明和温暖，彰显出当代大学生胸怀责任、敢于担当的精神风貌。2015 年，华电学子的故事先后获得中宣部“行进中国精彩故事”栏目的肯定，得到《光明日报》《中国青年报》的报道。

2016 年 7 月，河北省阜平县龙泉关镇黑崖沟村建成的光伏养老爱心电站正式并网发电。光伏电站总装机 175 千瓦，电站每年发电量约为 30 万千瓦时，每年可产出爱心养老金 36 万元。2016 年 1 月，共青团华北电力大学委员会获批北京市五四红旗团委。

2017 年，依托绿色电力项目相关成果，共青团华北电力大学委员会获批全国五四红旗团委。

2017—2018 年，华北电力大学组织太阳能光伏光热专业的博士及硕士研究生对兴国县齐分村及枫林村 34 户定点资助的贫困户进行回访并开展技术培训及指导，相关事迹被《中国教育报》报道。

二、体现华电办学特色，科技支撑创新创业

在“把绿色电力送到雪域高原”——华北电力大学大学生新能源科技教育扶贫服务行动进展中，社会实践团撰写了 2 万多字的调研报告，提出了解决西藏无电地区的三种思路，部分成果于 2010 年 8 月汇入国务院研究室送阅件（总 1824 号）报送中央领导并得到批示。在 2011 年 10 月落幕的第十二届全国“挑战杯”大学生课外科技作品竞赛中，我校学生在社会实践基础上又深入进行调查研究，提交作品《西藏无电区农牧民用电对策研究——基于对拉孜县新能源利用的实证分析》，获得特等奖。

2013 年，“绿色电力照亮长征路”项目先后斩获共青团中央“圆梦中国公益我先行”暑期社会实践专项活动先进团队奖、“首都民族团结进步先进集体”奖、首都“智慧深呼吸”大学生环保创新创意实践大赛一等奖、第七届高校校园文化建设优秀成果评选三等奖。

2014 年 10 月，“绿色电力”公益项目获得第十四届创行世界杯总决赛全球总冠军；2014 年 11 月《北回归线爱心协会公益创业书》在“创青春”全国大学生创业大赛公益创业赛中荣获金奖。2015 年获得首都“挑战杯”大学生课外学术作

品竞赛一等奖，中国扶贫发展中心颁发的第二届大学生假期扶贫调研成果一等奖。

大学生社会实践因与专业研究的结合而富有创新的生命力，大学生的科技创新创业亦因面向实践而富有现实针对性和责任感。青年在“把绿色电力送到雪域高原”项目中充分发挥了社会实践和科技创新的典范作用，成为大学生的优秀典型。

三、精心凝练科技项目，内涵丰富成效显著

项目组高度重视项目的丰富内涵，引导全体学生担当绿色电力的“光明使者”，升华大学生的理想之光。自“把绿色电力送到雪域高原”——华北电力大学大学生新能源科技教育扶贫服务行动开展以来，学校先后组织了社会实践报告会，宣讲参加项目的师生感人事迹，进而推动了“能源调研全国行”主题社会实践的开展。此外，学校还积极探索将项目内涵融入艺术创作和表演中。青年作曲家、我校艺教中心张又弛老师专门创作了歌曲《绿色电力照亮雪域高原》。

2011 年学校举办的纪念“一二·九”运动 76 周年艺术节汇报演出，又以“光明的使者”为主题，以连续三年参加“把绿色电力送到雪域高原”项目的藏族学生加央为原型，以话剧串场的形式，将整台晚会打造成融思想性与艺术性为一体的华电师生“励志片”，华电学子作为光明的使者、电力的希望，投身祖国建设，用“送光明、送温暖、送文明、暖民心”的方式诠释对爱国爱民精神的理解和实践，成功地激励了在校华电学子励志接续光明，传递光明、文明和繁荣，让每一个华电人都勇于成为“光明的使者”。

四、发挥学生能动作用，持续推进项目进展

学校党委注重发挥学生主观能动性，引导他们发挥学科优势，积极组建能源调研实践创新团队，在不断推动项目的进展过程中，实现了学业、就业和事业的完美统一。

大学生将项目由点及面地展开。在“绿色电力”项目基础上，学校又组织了“能源调研全国行”主题社会实践，一大批团支部组织青年学生利用寒暑假到云南、河南、四川、江西、青海、新疆等地开展无电村调研，将“把绿色电力送到雪域高原”项目由点及面地展开，形成规模。这既发挥了学生团支部的战斗堡垒作用，锻炼了团员队伍，又通过项目推荐了加央、扎西琼拉等一批有志于服务国家能源发展战略、在实践中作出突出贡献的优秀共青团员加入党组织，从思想领域和实践创新领域促进了人才培养。

学生在项目中历练成长，实现学业、就业、事业的完美统一。随着项目进展，大学生对项目的认识不断深化，一批优秀青年学子立志将能源电力事业作为可以终生奋斗的事业，谭玲、吴迪等参加项目的学生考取了研究生，正继续从事该领域的研究实践。加央、扎西琼拉、仁青措姆、南卓群培等藏族学生毕业后被西藏电力部门优先录用，他们立志成为扎根西藏、服务西藏的光明使者，实现了学业、就业、事业的完美统一。

项目使学生工作与科研前沿更融为一体。“把绿色电力送到雪域高原”项目，因其育人宗旨和服务社会的追求，自然而然地促使学生在项目实践中与科研前沿紧密对话、深入合作，实现知识与实践的深度融合与相互促进。学校相关专家学者共

同为大学生出谋划策。学生党员吴迪在班主任刘石教授的带领下，积极参与玉树代格村建设能源应用示范项目，得到青海科技厅20万元的经费支持。目前，学生工作部门又搭建平台，积极调动可再生能源领域的专家参与大学生实践创新项目，将项目向创业实践深层推进。

五、绿色电力四方推广，荣誉颇多频频获奖

2009年10月："把绿色电力送到雪域高原"实践团撰写了2万多字的调研报告，提出了解决西藏无电地区的三种思路，部分成果于2010年8月汇入国务院研究室送阅件（总1824号）报送中央领导。

2010年5月：教育部第84期简报以《华北电力大学实施"把绿色电力送到雪域高原"大学生赴藏新能源科技教育扶贫服务行动》为题进行了报道。时任国务委员刘延东同志对该期简报进行了批示，她认为"华北电力大学服务扶贫活动是一个成功的案例，既发挥了学校的优势，又符合当地的需要"。

2011年10月：学生作品《西藏无电区农牧民用电对策研究——基于对拉孜县新能源利用的实证分析》获得第十二届全国"挑战杯"大学生课外科技作品竞赛特等奖。

2012年7月：《让学生党员在服务社会中闪闪发光——"把绿色电力送到雪域高原"大学生新能源科技教育扶贫服务行动》荣获2010—2011年北京高校党的建设和思想政治工作优秀成果二等奖、创新成果奖。

2013年11月："绿色电力美丽中国行"社会实践团队荣获共青团中央"圆梦中国公益我先行"暑期社会实践专项活动

先进团队奖。

2013 年 12 月：共青团华北电力大学委员会荣获北京市政府“首都民族团结进步先进集体”奖。

2013 年 12 月：“绿色电力照亮长征路”活动获得首都“智慧深呼吸”大学生环保创新创意实践大赛一等奖。

2013 年 12 月：充分发挥能源学科优势让绿色电力点亮长征路上的幸福梦——《华北电力大学“三位一体”电力扶贫的实践与探索》荣获第七届高校校园文化建设优秀成果评选三等奖。

2014 年 10 月：“绿色电力”公益项目获得第十四届创行世界杯总决赛全球总冠军。

2014 年 11 月：学生参赛作品《北回归线爱心协会公益创业书》在 2014 年“创青春”全国大学生创业大赛公益创业赛中荣获金奖。

2015 年 1 月：华北电力大学团委承担的共青团中央创新试点项目“创新学校共青团实践育人体系”获评优秀。

2015 年 1 月：“绿色电力”公益项目入选中宣部“行进中国 · 精彩故事”报道选题。

2015 年 7 月：学生参赛作品《新时期农村光伏扶贫可行性模式的调研报告——以江西赣州兴国县集贤乡齐分村为例》获得“挑战杯”首都大学生课外学术科技作品竞赛一等奖。

2016 年 7 月：河北省阜平县龙泉关镇黑崖沟村建成的光伏养老爱心电站正式并网发电。光伏电站总装机 175 千瓦，电站每年发电量约为 30 万千瓦时，每年可产出爱心养老金 36 万元。

2017 年 5 月：共青团华北电力大学委员会获得全国五四红

旗团委。

2017 年 12 月：《经济》杂志刊登团队报道《光伏扶贫质量先行》。

2018 年 8 月：《中国教育报》刊登报道《光伏智慧：高校扶贫的“华电样本”》。

第二节　华北电力大学京津冀协同发展社会实践项目展示

——强化党建引领 促进转型升级
建设美丽乡村　大学生驻村
社会实践项目介绍

为响应北京市教工委关于开展 2019 年北京高校师生服务首都“四个中心”功能建设的通知，深入学习贯彻习近平新时代中国特色社会主义思想和全国全市教育大会精神，将爱国情、强国志转化为报国行，为首都“四个中心”功能建设贡献智慧与力量，以实际行动迎接中华人民共和国成立 70 周年。华北电力大学经济与管理学院社会实践团前往雄安新区及河北省其他部分县市开展产业梯度发展调研和习近平新时代中国特色社会主义思想宣讲实践活动。

“社会实践活动”是在我国经济发展进入新常态、雄安新区建设进入新阶段、北京市疏解非首都功能背景下，以习近平新时代中国特色社会主义思想为指导，按照北京市及雄安新区有关部门工作部署，华电学子秉承“功成必定有我”的使命担当，下基层、访民情、谏真言，努力推动京津冀协同发展向广泛深入发展的实践探索。活动旨在将科学调研与理论宣讲相结合，努力推动京津冀地区产业结构转型升级，助力雄安新区高质量发展与产业科学稳步协调转型。社会实践团实地走访雄县、容城、安新各个片区，考察以地区工业、农业、服务业为代表，仔细研究新区政策和国际范例，创新思路，实事求是。为雄安新区产业梯度发展、首都“四个中心”功能建设，自觉践行和贯彻新发展理念，深化供给侧结构性改革，一切从实际出发，调结构、去产能，主动对接京津冀一体化发展及雄安新区建设，为加快新旧动能转换作出贡献。

一、行动定位

华北电力大学经济与管理学院 2017 级社会实践团开展的社会实践活动是当代青年自觉融入京津冀协同发展大势、支持雄安新区建设的一次实践探索，是推动雄安新区产业梯度发展，促进产业转型的青年实践，是当代大学生响应国家号召，积极投入基层建设的切实行动。活动中，华北电力大学经济与管理学院社会实践团奔赴河北雄安新区，实地研究产业梯度发展情况，宣讲中国特色社会主义理论体系和雄安新区发展规划。本次行动，是青年先锋运用知识才干、努力发挥专业所长，为雄安新区建设、京津冀一体化发展建言献策，为首都“四个中心”功能建设贡献智慧和力量，用实际行动迎接中华人民共和国成立 70 周年的真抓实干。本次社会实践团坚持走进基层、服务国家、创新引领、实事求是四大原则，在实践探索中打开新思路、构建新格局、擘画新未来。

二、工作目标

华北电力大学经济与管理学院社会实践活动团队将产业梯度研究与主题宣讲融合，把理论研究与政策宣讲相结合。通过走访雄安新区典型企业进行调研并充分借鉴国内外典型首都新城区的发展规划和实施措施，团队成员重点研究深圳特区、浦东新区、日本筑波区等地区的现代化发展历程，吸取既符合世界现代化发展潮流又蕴含中国特色和中国智慧的发展经验，为雄安新区及首都未来建设发展建言献策。

同时，团队成员计划以通俗易懂的语言、简洁直观的形式，在雄安新区广泛开展产业梯度发展和新发展理念宣讲，通过实践调研、理论研究、政策宣讲坚定新区群众对雄安高质量发展的信念信心，加强新区群众对中国特色社会主义理论体系的科学认识，进一步加强基层群众对以习近平同志为核心的党中央的衷心拥护，助力营造奋发有为、和谐美好的新区氛围。

（一）前期调研

致知力行，继往开来。为顺利开展本次前往雄安新区的实地调研活动，社会实践活动团队多次与相关部门和对接单位进行函件往来。双方展开了充分的调研前期准备工作，提前派出代表共同分析了为何调研、何时调研、如何调研等一系列关键性问题，为后续的调研工作指明方向。社会实践团以雄安发展大计为抓手，梳理了本次调研活动的整体思路，并分步进行了内容丰富的培训活动。

在前期准备过程中，在校领导和老师的大力支持下，社会实践团召开社会实践活动动员大会，从多个角度强调了本次活动的重大意义：旨在将北京的文化、资源优势与雄安新区的高质量建设需求相对接，为京津冀一体化发展建言献策，充分发挥团队创造力、凝聚力、战斗力，在实践探索中打开新思路、构建新格局、擘画新未来……得到了同学们的热烈反响，收获了一批技术过硬、意识到位、服从指挥的人才。会后，社会实践团根据成员各自特点将其分为不同工作小组，并展开一系列有针对性的培训工作：开展 PR、AE 教学课程，讲解专业知识，强化成员视频图像处理能力；举办写作技能培训会，研读优秀例文，全面提升成员新闻写作能力；进行系列模拟演讲预演，演练不同场景，确保实地宣讲环节的顺利展开……系列培训工作使成员们进一步明确分工，充分发挥各自优点长处，使团队整体工作能力得到显著提升。

除此以外，为充分掌握当地情况，更好地开展后续实地调研活动，团队提前安排部分成员前往调研地踩点了解大致背景，并组织各工作小组广泛阅读文献，搜集数据，充分了解雄安新区建设的定位与现状，得出以下成果。

（二）发展方向

中央设立雄安新区的核心目标是将其作为北京非首都功能疏解的集中承载地，建设成为高水平社会主义现代化城市、京津冀世界级城市群的重要一极、推动高质量发展的全国样板、现代化经济体系的新引擎。国家出台一系列配套政策，致力于将雄安新区打造成为绿色生态宜居新城区、创新驱动发展引领区、协调发展示范区、开放发展先行区以及贯彻落实新发展理念的模范示范区。

（三）产业基础

雄安新区所辖的雄县、容城、安新三县，其经济体量以工业为支撑，且几大支柱产业都属于劳动密集型产业。2019 年 5 月 1 日，雄安新区管委会印发《关于支持新区三县传统产业转型升级工作的指导意见》。意见指出，到 2020 年，区域内高污染和高能耗企业全部退出，产业结构调整取得明显成效，一批区外承接地产业园区和区内转型升级企业总部基地基本建成，就业安置取得实效，产业绿色化、高端化、数字化发展水平明显提升。

雄安新区三县经过长期积累，已经形成一批特色产业集群，吸纳了大量就业人口，有力支撑了三县经济社会发展，但同时也存在企业小而散、产品附加值不高、环保压力突出、与新区发展定位不相适应等问题。

目前雄安新区所辖三县的主要产业已颇具一定产业基础，尤其是雄县的纸塑包装业和压延制革业、容城县的服装业、安新县的有色金属回收业，产业成熟度相对较高，在国内国际两个市场均有一定的市场地位，具备继续培育成为新增长点的发展基础。在新发展理念中，绿色发展是重要方面，尤其在加强京津冀地区生态环境保护的背景下，对节能环保的考量，更是非首都功能转移以及雄安新区产业定位确立的重中之重。从三县主要传统产业目前所处的节能环保水平看，上述几大重要产业如纸塑包装业、压延制革业以及服装业，在技术改造和装备升级方面，都对于降低能耗、减少污染排放等采取了必要的改善措施。因此，这些产业相对适宜保留下来并进一步进行转型升级。另外，还有一个需要纳入政策制定考量范围的方面，就是事关社会稳定和经济大局的就业问题，尤其是转出产业后当地居民的就业安置。从原有的吸纳就业情况看，安新县的制鞋业、雄县的纸塑包装业以及容城县的服装业都吸纳了较大比重的就业，也具备保留并进行产业升级的条件。综合来看，雄安新区所辖三县的传统产业当中，雄县的纸塑包装业和压延制革业、容城县的服装业和毛绒玩具业、安新县的制鞋业和有色金属回收业，在节能减排和吸纳就业等方面都有着相对更好的绩效表现，可纳入雄安新区建设中有待转型升级的传统产业，而其他几类现有的主要产业则可列为转移产业。

三、产业梯度研究

（一）强化科技创新引领，加快产业转型升级——走访雄安玻璃纤维产业

2019 年 7 月，华北电力大学经济与管理学院社会实践活动团队赴河北雄安新区调研产业经济发展运行情况，针对地区工业发展优势，深入当地典型玻璃纤维生产加工企业了解生产经营情况。团队成员深入当地玻璃纤维企业加工车间进行走访，与企业负责人详细交谈。走访中他们了解到玻璃纤维生产产业长期以来促进地区工业发展，但长远来看仍存在产品单一、科技水平较低、品牌效益不高、产业易被替代等问题。在这样的背景下，想要推进当地工业经济高质量发展，必须强化科技创新引领，加快产业转型升级。为扎实推进产业转型升级工作和助推以科技支撑高质量发展进程，雄安玻璃纤维产业需要重视以下几点：

1. 支持小规模生产企业在转移中联合重组

“家庭作坊规模很小，工人不愿外迁，就相当于作坊要解散。”这是在调研中，众多玻璃纤维生产经营者反映的问题。小规模玻璃纤维生产作坊属于劳动密集型产业，生产线老化低

效，科技水平不高，产品品种单一且产品附加值低。要实现高质量发展，最重要的就是要提升以制造业为主体的实体经济，以供给侧结构性改革为主线，加快转型升级，构建支撑高质量发展的现代产业体系。

地方政府应合理组织传统产业向周边地区转移，鼓励企业自愿联合重组，成立企业集团、形成规模效应、完善产业链条；新区三县应履行主体责任，加强与产业转移承接地的沟通协调，争取承接地在用地、生产、生活配套等方面加大支持力度，并争取省有关部门在行政审批、项目建设用地、环境保护政策、企业税费优惠等方面给予支持，解决企业转移发展中的实际困难。

2. 依托雄安新区建设步伐推进产业升级

任丘市玻璃纤维产业整体水平不够高、低端产能过剩、高端产能不足，是当地产业存在的主要问题。因此，减低端产能的“量”，加现代产业体系的“质”，以新区建设需求带动产业转型升级就尤为重要。新区应适时发布、更新新区建设所需产品、服务清单，提供供销对接上的便利和支持，引导新区传统产业企业根据新区建设需求，提供符合需要的产品和相关服务。玻璃纤维制品是生产楼宇外墙保温层的重要原料，应该充分利用这一特性，对接雄安新区建设，加强产业链的宽度和质量。

3. 加快智能化、绿色化升级

对于符合新区产业定位，且不在近期腾挪区域内的企业，允许其开展技术改造和产品升级；对于在近期腾挪区域内的企业，在符合新区相关规划前提下，结合新区产业园区建设为其提供发展空间。而对现有产业相对集中且不在近期拆迁区域内的园区、小镇，应加快完善配套设施，做好原有产业转移与新产业导入的衔接。建立新区、三县、企业、金融机构、媒体、中介服务全覆盖的信息平台和工作平台，通过政策指引、信息通报、技术咨询等工作，支持促进传统产业企业转型升级。

4. 推动传统企业融入新区产业链，打造雄安品牌

支持搬迁企业产业集团在新区设立总部，使用雄安品牌。引导和支持原有企业与高新企业对接嫁接，在研发、设计、制造、服务等环节上深度融入现代产业链。在走访调研中，我们参观了玻璃纤维生产规模较大的工厂，发现其生产条件、质量管控、安全保障明显优于小作坊生产，但是仍存在产业链定位不高、产品仍属于初级或中级加工原料型、厂房规划不合理、库存管理粗放以及产品品牌影响力不高等问题。针对这样的现状，他们也与管理者进行了交流探讨，大家一致认为当地玻璃纤维企业应扩大规模并进行重组合并，从而形成规模效应，完善产业链，对接高新技术企业，共同打造雄安品牌。

5. 增强科技创新意识，加快科技成果转化

习近平总书记指出："我国经济发展要突破瓶颈、解决深层次矛盾和问题，根本出路在于创新，关键是要靠科技力量。"要加大科技创新宣传引导力度，多平台、全方位抓好科技创新政策、科技创新发展的宣传工作，营造全社会重视科技创新的浓厚氛围，提升公众的科学素养。要调整财政科技投入资金支持投向，坚持"好钢用在刀刃上、集中力量办大事"的原则，充分发挥财政资金的杠杆效应，鼓励带动企业加大研发投入。为提高企业研发投入强度，应建立合理的企业研发投入激励机制，引导各类财政扶持资金优先支持研发经费投入强度大的企业；而对研发投入大的规模工业企业，要优先支持科技等相关

项目，致力于提升产业科技水平，完善产业链，从而促进产业高质量发展。

6. 夯实科技创新平台，加大科技创新投入

要加快推进现代化产业园区建设，实现产业集聚规模发展，充分转化应用科技成果，才能更好地提升企业效益。要实现新区产业梯度发展，应当做到以下几点：一是建设科技要素服务市场。引进专业机构，在雄安新区建设科技要素服务市场，联通国家、省技术交易市场，搭建科技成果转移转化平台，为企业发展提供信息咨询服务；开展科技成果及知识产权评估、专利质押贷款，加速科技成果转移转化。二是加强产学研用密切合作。政府要发挥导向和支持作用；企业要主动跟踪、密切参与项目研发，努力把前端的研究特别是各类科研院所、省内外高校研究与后端市场需求对接起来，促进高校、院所的科技成果转移转化。三是进一步加大政策支持力度。强化支持企业创新和科研成果产业化的各项财税金融政策，切实落实企业技术开发费税前抵扣等税收优惠政策，完善并实施支持高新技术企业和创业投资企业的各项政策，加快落实鼓励创新的政府采购政策，进一步激发企业的创新活力。四是促进科技和金融的结合。吸引和鼓励社会资本参与创新创业，积极发展创业风险投资，加大力度鼓励社会力量投资于创新早期。

（二）走访雄安新区市民服务中心

被誉为“雄安城建第一标”的市民服务中心是雄安新区设立以来的第一个基础设施项目，是一个集商业、酒店、企业办公、行政办公为一体的园区，具有园林景观、海绵城市、综合管廊、智慧园区、能源供给等多项功能，是雄安新区高质量发展的代表典范。

华北电力大学经济与管理学院社会实践活动团队来到雄安新区市民服务中心，在中心负责同志的带领下，参观公共服务区、行政服务区、生活服务区、入驻企业办公区四大区域建筑群，观看市民服务中心宣传片，详细了解市民服务中心规划建设、功能设置和运营模式。漫步其间，市民服务中心就像一个园区。园区不仅拥有三纵三横的庭院式建筑布局和古朴典雅的建筑风格，且全部采用节能环保建筑，流露着现代工业风的气息，处处彰显着创新、协调、绿色、开放、共享的新发展理念。在规划馆内，他们关心了解信息化建设和科技创新情况，仔细听取新区总体规划及建设情况介绍，参观重大工程、重点项目展示。中心负责同志强调，建设雄安新区是千年大计、国家大事。雄安新区市民服务中心正是新发展理念的率先呈现，是雄安新区面向全国乃至世界的第一窗口，是未来雄安新区缔造智慧城市、绿色城市的缩影和样板。社会实践团成员感触颇深，表示身为新时代大学生，要认真学习借鉴雄安新区市民服务中心建设的先进理念、创新精神和宝贵经验，学好科学文化知识，不断增强服务社会、报效祖国的能力。

在雄安新区规划馆，社会实践团看生态综合治理新貌、听产业转型升级历程、问新区科技创新步伐、谈新旧技术换代现状。规划馆集中展示了雄安新区的发展历程、城市规划、生态建设、防洪设计等。在巨幅折屏播放厅里，社会实践团浏览了雄县、容城、安新三县主要产业结构和有关经济数据，了解到历史上的雄安产业长期以来处于研发不足、附加值低、产业低端锁定的状态，原有传统产业生产粗放、污染散乱、必须实现关停整改，结合雄安新区发展实际，清洁高效的工业企业也是新区稳定发展吸纳就业的重要一环。总量减少、扩大优势，在确保能源安全、生产效率和经济效益的前提下完善产业体系。

当前中国制造业正面临着发达国家技术创新和发展中国家要素成本的双重挤压，能否在新的科技创新中抢占技术制高点，将成为下一步中国产业转型、实现全球价值链攀升的关键所在。在工作人员的带领下，社会实践团参观了新区建设的沙盘模型。他们了解到，雄安新区严格按照深化职住平衡、促进产城融合的总体要求进行规划建设，科学布局城市空间，有序承接非首都功能疏解。

深圳从技术引进开始发展，以劳动密集型产业为主；浦东从消化吸收外来技术再创新开始，将资本密集和技术密集相融合。相比之下，雄安新区的产业基础相对薄弱，处于经济发展新常态阶段，在由外向型经济向内外平衡发展的关键阶段，没有试错机会，必须小步慢走。

借鉴国内外新区新城发展经验：独特的主导产业、有竞争力的产业体系是雄安新区实现内源性增长的核心要素；区位优势是雄安新区从零起步的良好因素；优惠政策是激发雄安新区市场活力、赶超典型新区的关键；健全的法律法规和高强度的执行力是雄安新区建设的最大保障。

通过现场讲解，社会实践团成员了解到：雄安新区设立两年，新区已注册企业数千家，其中信息、科技类企业占比近一半，绝大多数来自北京，且很大一部分是由原来的制造业企业转型而来的。当前雄安新区管委会正积极引导创新要素向新区聚集，努力把雄安新区打造成为贯彻落实新发展理念的创新示范区。雄安新区的规划是改革开放 40 年经验的总结提升，深圳经验为雄安发展提供了重要参考。深圳创新、开放、包容的公共精神，权利、法制、市场意识及科技、效率、务实精神等特质都值得雄安借鉴学习。中央城市工作会议指出，要尊重城市发展规律，树立系统思维，从构成城市的诸多要素、结构、功能等方面入手，对事关城市发展的重大问题进行深入研究和周密部署，系统推进各方面工作。如今，雄安新区的蓝图，是缔造世界级城市群的中国样本。雄安新区一定会在高起点建设的基础上实现创新、协调、绿色、开放、共享的新发展理念。

“世界眼光、国际标准、中国特色、高点定位”这16个字在雄安新区市民服务中心得到了充分体现。在走访中，大家互相交流、深入思考，被雄安市民服务中心的高起点、高标准、高科技所震撼，被“雄安高质量”所感染，被雄安新区洋溢的创新活力与创业激情所激励。通过参观学习深刻领会了绿色、智能、创新的发展理念，社会实践团成员深受教育和启发。他们相信，从雄安新区市民服务中心可以管窥未来雄安新区的绿色健康、低碳运行，可以憧憬未来中国的人城合一、智慧共享，雄安新区也将继续为中国乃至世界提供解决大城市病的中国智慧和中国方案。作为新时代青年的我们，要有理想，有担当，进一步提高自身要求，扎实履职尽责，为雄安新区建设、京津冀一体化建设、社会主义现代化建设贡献自己的力量。

（三）白洋淀生态湿地保护区

在白洋淀生态湿地保护区，社会实践团成员听取了栈道管理人员对白洋淀湿地生态修复历程的讲述，了解到曾经湿地周边低端产业密集，散乱污问题严重，经济发展迟缓，人民生活水平整体不高。党的十八大以来，习近平总书记在不同场合，反复强调和论述“绿水青山就是金山银山”的理念。千年大计，国家大事，白洋淀人民积极响应党的号召，致力于将白洋淀湿地区域打造成以“绿色经济”为发展核心的生态涵养带。

为此，白洋淀人民坚持以“转型升级是基础、生态修复是关键、文化再造是归宿”为工作思路，统筹生态环境保护和发展的关系，通过产业梯度转移的实践进行经济结构升级，符合了党对白洋淀高质量发展的要求，传承了中华先贤“智者乐水，仁者乐山”的人文精神。湿地周边居民表示：“以前光想着出去旅游，现在四面八方的人要到我们这里来。看着我们的环境变得越来越漂亮，道路更加宽敞，医疗、教育都更好了，我们的心里也越来越自豪了!”推动雄安新区产业转型升级，促进产业梯度发展，大力保护生态环境，白洋淀的生态环境一定会更加美好。

（四）千年秀林

先植绿、后建城，是雄安新区建设秉承的生态理念。《河北雄安新区规划纲要》指出，要把雄安新区建设成绿色生态宜居新城区。自 2017 年 11 月启动千年秀林项目建设以来，雄安新区已完成大清河片林（原 9 号地块）一区造林、10 万亩苗景兼用林、2018 年秋季植树造林和 2019 年春季植树造林项目，新造林 17 万余亩，选用树种近 200 个、栽植苗木 1200 多万株。

2019 年 7 月 9 日上午，华北电力大学经济与管理学院社会实践活动团队来到雄安新区千年秀林。他们首先听取了工作人员有关千年秀林的介绍。绿浪滚滚，林海接天，各品种的树木相互交错生长，形成了天然林的基本结构。10 余公里的生态林带，形成了环淀涵养区，为新区微气候调控、自然资源保护起到重要作用。进入林区，每棵树上都有一个二维码。雄安集团生态建设公司成员介绍说：“千年秀林引入大数据管理，为每棵树都打造了‘身份证’，只要扫描一下树身上的二维码，就可查到这棵树的种类、胸径、冠幅、产地、种植位置、栽培、检查、管护等信息。从孕育到出生、成长的每一个过程都将被完整记录，实现全生命过程管理。”

打开手机扫描树上的二维码进入雄安新区森林大数据系统，地上每栽一棵树，线上就有一棵树，虚实一一映射，从而组成“数字森林”。所有树木生长信息汇集成的大数据，10年、20年、50年、100年后，对全国乃至全世界森林自然演替规律、林业技术研究，都将提供翔实的数据参考。“千年秀林”及“数字森林”，将成为造林史上的“雄安宝库”。

雄安集团生态建设公司曾通过官方渠道释义“千年秀林”：树在雄安被视为与人一样具有生命情感价值。所谓“千年秀林”，指的并不是每一棵树都能活一千年，而是指基于人们对自然的尊重，在自然生长条件下，给予树木适当的人工干预，使这些树能够像人类一样能自然演替、生生不息，从而伴随雄安新区的发展而繁育、成长，共生共融。

（五）走访高铁工地

7月9日，华北电力大学经济与管理学院社会实践活动团队一行来到了京雄城际铁路雄安站展开调研，了解产业梯度发展情况，在与当地工作人员协商好，并佩戴好安全帽等防护措施后，他们进入了施工现场，实地了解工程进度，感受现代化生产工艺。

施工现场塔吊林立、机器轰鸣。在切割、紧固、吊装、钢筋加工区内，工人们流水作业紧张有序，抑尘雾炮吹起水汽，降下扬尘，无数忙碌的身影流动穿梭在工地上，热火朝天、井井有条。

他们了解了施工企业的情况，负责人表示，作为国内顶尖的铁路建设企业，中铁建工集团按照“千年大计，国家大事”

的发展方针，坚持“世界眼光、国际标准、中国特色、高点定位”，实现建设绿色、智能、精品的目标要求，将雄安站打造成为世界一流现代化综合智能交通枢纽。

在工长的带领下，团队成员进入工地走访，学习了施工现场的规划图纸，从施工的结构图到完工的成品图。工长提到雄安站在明年年底将如期实现全面通车，届时雄安站将与周边基建设施相融合，成为一个集服务、商业、交通、绿色为一体的商务中心，并且还预留三条地铁引入条件，建成后的雄安站将汇聚京港台高铁、京雄城际、津雄城际三条线路，12 分钟可直达北京大兴机场，35 分钟可直达北京西站，实现新区与北京、天津的半小时交通圈，与石家庄、衡水等主要城市的 1 小时交通圈。将成为疏解北京非首都功能、京津冀协同发展及辐射全国的重要门户车站，完善京津冀地区高速铁路网结构，提高雄安新区对全国的辐射能力，成为雄安新区面向世界的窗口。雄安站不仅仅是一个交通枢纽，它还带动着雄县基建的发展和经济的繁荣。我们在来的途中看见的杂乱建筑，在未来的时间里将会随着雄安站的建设和发展逐步更新，城市风貌也将焕然一新。

在工地休息区，团队成员与一线工人仔细交谈，无论是负责技术测量的技术员，或是负责工地清理泥土和降下扬尘的清洁员，还是负责管理工作的团队骨干，他们都明确表示，能够参加雄安站的建设，为国家建设，社会发展贡献自己的力量是一种荣幸也是一种骄傲，他们全心全意投身于工作中。在这占地约 47 万平方米的工地上，无数忙碌的身影，日夜不停的机器，他们的目的都只有一个，精准无误地完成自己的工作，高质量地完成雄安站的建设。

综上所述，通过对玻璃纤维产业集群、雄安新区市民服务中心、帅康集团、千年秀林、生态湿地、京雄高铁雄安站的调研，社会实践团整合了大量一手资料，分析整理出以下参考意见。雄安新区的建设应走承接非首都功能疏解“输血型”路径与区域自我成长“造血型”路径并重的双引擎发展模式。这就要求在科学规划统筹下，有选择地承接京津优势产业资源转移，优化产业布局，打造完整产业链，建立起自身产业体系；利用所得优势资源，促进创新成果转化，发展高端高新产业。另外，通过创新发展路径，实现自身的内生动力培育，打造反磁力中心，更好地为京津冀协同发展服务，打造京津冀城市群。

新区发展要先培育区位优势要素，确保高效承接优势资源。京雄高铁打造了便捷的交通体系，为协同发展提供更好的基础保障。以千年秀林为代表的生态工程建设反映了新区打造生态宜居城市的决心和实力。公共服务、医疗卫生体系的日趋完善为高质量发展提供支撑条件，保证优势资源“接得住，留得下”。

此外，新区产业梯度发展问题的几处缩影同样给成员们带来一些启发和思考。在安新县北堤长廊栈道，堤上村、堤边村改造，低端产业转型升级、高产能和污染企业整治关停符合新区发展要求；周边配套服务业发展欠缺，应引导补齐多元旅游短板，延伸生产性服务业。改善新区产业生态环境。在向新区转入一些制造业的同时，还要向产业转入地转入延伸生产性服务业，使之具备合理的生产网络关系。

任丘市多数分散式的玻璃纤维作坊逐步整治关停。一方面，分散式小作坊生产不利于科研技术的研发和应用，阻碍生产效率的提高。另一方面，分散式小作坊生产不利于去产能和集中整治污染。产业梯度发展要求逐步淘汰生产规模小、资源浪费大、环境污染重的加工点。故此集聚生产优势明显，但是实际情况仍不容乐观，生产技术亟待进步，去产能、去存货仍有发展进步空间。产业梯度的进一步发展必要性不言而喻。规划馆作为雄安新区概念馆，体现新区的建设理念、各产业规划布局等诸多信息要素，代表新区的明天。结合实际调研情况，他们需要更加系统地研究产业梯度发展理论，结合实际情况，借助国内外经验，运用科学技术方法，严谨地认识新区产业梯度发展和转型升级问题，更好、更科学地为新区发展建言献策。

（六）产业梯度的研究成果

建设雄安新区是千年大计，是国家大事。新区承载着推动北京非首都功能集中疏解、培育全国创新驱动发展新引擎、探索经济发展新模式的重要任务。一方面，新区需要有选择地承接北京转入的产业服务，吸纳集聚优势创新要素，完善产业布局结构，培育打造新型产业体系。另一方面，如何实现新区的传统产业转型升级、契合新区发展要求定位、融入新区产业发展大局，是新区产业发展面临的主要问题。

通过走访调查和研究资料，社会实践团发现雄安新区三县的传统产业经过多年积累，形成了以服装、制鞋、毛绒玩具为主导的一批特色产业集群，有力支撑了三县经济社会发展。目前纸塑包装业、服装箱包行业以及玻璃纤维行业有着良好的产业基础，发展成熟度相对较高，在国内、国际两个市场均有一定的市场地位。其劳动密集型产业特征与当地劳动技能和人力资本结构是相匹配的。但是，雄安新区一定数量的产业也存在小而散、产品附加值不高、环保压力突出以及与新区发展定位不相适应等问题。从产业结构看，雄安新区所辖三县的产业结构尚处在较低的价值链环节。

首先，研发投入不足，创新产出较少。社会实践团通过实地走访发现，雄安新区三县现有传统产业长期以来都是以家庭作坊式的中小企业为主，仅有少数是规模以上企业，多数小企业都是为龙头企业做外围生产服务，没有自己的技术研发部门，而且鲜少与外部研发机构开展合作，仅从事生产制造，基本上没有研发投入，更无技术研发中心，长期以来处于研发能力薄弱、产品附加值低的“低端锁定”状态，这些传统产业“由大到强”的转型升级对于雄安新区高质量发展意义重大。

其次，在新发展理念中，绿色发展理念是重要方面，尤其在加强京津冀地区生态环境保护的背景下，对节能环保的考量，在非首都功能疏散转移以及雄安新区产业定位上都是重中之重。从雄安新区三县产业目前所处的节能环保水平来看，实地走访的大型玻璃纤维制造公司以及座椅制造公司在技术改造和装备升级方面，对于降低能耗、减少污染物排放等都采取了必要的改善措施，但是仍有进一步的提升空间。因此，这些相对适宜保留下来的产业应进一步加快转型升级，在新区高水平、高要求下谋划新的发展。然而，新区依然存在许多家庭作坊式制造加工点，其生产管理理念相对陈旧，产品生产能耗大、污染高，不符合中央将雄安新区打造成为绿色生态宜居新城区、新时代的生态文明典范城市的高标准。因此，分散式、高能耗、高污染的企业将面临搬迁转移甚至依法关停，对于长期形成特色的传统产业，可以走整合、协同发展之路，转移至雄安新区周边。同样的，在绿色发展理念下，提高承接产业环保准入门槛意义重大。

最后，在管理机制方面，雄安新区所辖三县中的企业多数是家庭作坊式的中小企业，管理机制上有一定的封闭性，生产管理理念相对陈旧，而且缺乏广泛的国际视野。长期以来，雄安新区多数企业并未充分利用其在生产资料、设备、人员管理上的资源，导致整体行业资源利用率一直偏低。

全面落实高质量发展要求，认真践行新发展理念。新区应有选择地积极承接首都优势产业资源，对接高新产业与跨业转型产业，打造新型产业体系。坚持产业转移与转型升级并重，通过“四个一批”——“提升改造一批、转型升级一批、搬迁转移一批、依法关停一批”，以此实现雄安新区传统产业的转型升级，多举措共同保证新区产业质量和效益的有效提升。

在实地调研开展之前，社会实践团成员通过查阅文献了解到国内外产业梯度转型升级的先例，为后续调研的开展奠定部分理论基础。在各小组开展的读后交流过程中，发现梯度转型升级是雄安新区发展的必经之路，雄安新区的城市功能和产业结构从各方面催化着产业转型升级的进行，与北京的产业梯度转移相似。根据国家对京津冀区域两市一省的功能定位，为促进京津冀区域经济协同发展，在最近几年三个地区都已进行不同程度的产业结构调整和升级。在北京的城市功能定位和产业结构升级影响下，其工业产业向外转移早已成为必然。

而作为京津冀区域内具有工业和资源优势的津冀来说，合理承接北京移出的工业产业，不仅将对其经济发展具有推动作用，而且对京津冀区域产业结构优化，进而推动该地区的经济发展都将是十分重要的步骤。京津冀地区是环渤海经济区的核心地区和重要组成部分，京津冀地区内各成员——北京、天津与河北在生产要素和产业结构上具有很强的互补性和差异性，并形成了一定的产业梯度，具备进行产业梯度转移的条件。对于京津冀地区而言，无论是从“产业生命周期”理论还是“雁行发展模式”理论来看，都存在一定的产业梯度，并已经出现产业梯度转移的现象。

从“产业生命周期”理论来说，京津尤其是北京技术水平和产业层次相对较高，加上其产业结构升级的需要，一些综合经济效益下降，尤其是对环境污染严重的工业产业，已不再具备比较优势，特别是受生产要素成本上升以及远离当地市场等因素的综合作用，此类工业产业已缺乏足够的发展空间，处于产业生命周期的最末端，必然要向外转移来甩掉包袱，实现产业升级。而津冀，特别是河北工业发展空间较大，包括其工业基础雄厚，充足廉价的土地和劳动力供应，较低的要素供应和服务成本，地方政府的投资刺激政策，宽松的劳动和环境保护法规以及接近当地市场的地理优势等，将部分或有选择性地接受北京市转移的工业产业。从“雁行发展模式”理论来看，“雁行发展模式”的形成和存在需要三个条件，即各国或各地区间地域邻近、经济发展水平参差不齐、实行外向发展战略。京津冀三地区地域相连，经济发展水平和产业结构层次呈明显的梯度性差异，对内、外开放已取得重要进展，基本符合这三个条件，呈现明显的“雁行发展模式”特征。

如今的雄安新区建设同曾经的北京产业梯度转移相似，雄安新区也需要逐步完成重工业转移、污染企业环保化的转变。对比深圳的产业转型升级，深圳的发展，既得益于得天独厚的地理位置，也得益于制度创新和宽松的政策环境，深圳通过加工贸易积累了“第一桶金”的同时，整个社会的产业结构也在悄然调整，深圳在承接国际产业转移的过程中，也完成了自身经济结构的转型升级，形成了自己的优势产业集群，经济结构由以第一产业为主导的农业经济转型为以工业和服务业为主导的现代经济，具有较强竞争力的现代化经济体系渐趋成型。成为发展速度较快、发展质量较高、经济规模总量在全球城市中具有重要地位的一线城市。

值得借鉴的还有上海浦东新区的建设，借助浦东的开发开放，上海实行“东西联动”、机制创新，推动产业结构从适应性调整转向战略性调整，三次产业结构逐渐趋于合理，成为推动上海全市经济增长的强大动力，与此同时，浦东坚持全方位、多层次、宽领域的对外开放，吸引外资水平不断提高。浦东在开发过程中以产业结构优化积极推动功能拓展和发展方式的转变，优先发展以金融、贸易为核心的现代服务业，以自主创新为核心的高科技产业，为全市产业结构合理化发挥了先导作用，逐步形成了现代服务业和先进制造业共同推进经济发展的格局。雄安新区的建设同深圳和浦东的建设有异曲同工之妙，借助有利的环境逐步实现转型升级，以核心产业为抓手，顺应时代潮流，大力发展经济，在“取其精华，去其糟粕”的宗旨下，以先前的经验为鉴，一步步地完成新区建设。

在国外的产业梯度转型方面，社会实践团重点研究分析了德国鲁尔工业区依靠工业、文化传统和社会和谐等内在因素的创新转型过程，对于雄安新区发展有如下思考：在区域转型过程中，新型高端工业是发展的基础，要重视社会和文化力量，从地方内部进行创新，避免社会矛盾的激化和文化的断裂，实现渐进、持续、稳定的变革。

第一，工业是创新的重要领域。如果雄安只有工业的外迁，没有新型高端工业的升级，城市的持续发展必将受到限制。20 世纪 80 年代，西方曾有学者针对欧美地区一些大城市的去工业化发出过警告，但是并没有让世人警醒。2008 年席卷全球的金融危机爆发后，美国、欧盟对已有的发展方式进行了深刻反思，相继提出了“再工业化”，即大力在这些国家和地区的城市中发展新型的高端制造业，避免出现工业外迁后就业机会不足、贫富差距拉大等一系列问题。这和德国鲁尔区 1968 年的“再工业化”有一定的区别，鲁尔区当年的“再工业化”是对传统工业的巩固和提高，而此次的“再工业化”，更多的是发展新型高端制造业，也就是新型工业化。倘若只是简单地重复传统工业，那么在人力、资源等成本上都不具有竞争优势。因此，在雄安转型发展过程中，需要在工业领域大力创新。

如果坚持走以资源和环境消耗为代价的道路，必然如鲁尔区当年的“再工业化”一般，只能以失败告终；如果只是简单地将工业外迁、去工业化，也将面临产业空心化和城市就业不足。在文化转型、创意转型等口号和概念中，我们应该清醒地意识到：新型的工业是城市发展的基础，没有工业的持续创新为支撑，城市的文化和创意转型也将受到制约。

第二，文化传统是创新的重要源泉。建筑是文化传统的有形部分，背后是人们对城市的记忆和情感，鲁尔区将工业传统转化为创新的源泉，其成功之处便在于将有形的建筑与无形的情感、传统建筑与现代功能、文化保护与经济开发进行了融汇，将被遗弃的工业建筑和即将淘汰的产业变成了创新的沃土，从非创新的环境发展出了创新环境。因此，雄安的转型发展，既要看到已有的文化传统，又不能够局限于文化传统，需要利用文化传统进行创新。对于雄安来说，文化传统是长期积累起来的区域资源，在转型中如果能够充分挖掘，将走出一条根植于地方传统、具有长期生命力的道路。当然，这条道路绝不是平坦和容易的，需要雄安逐渐地摸索。

第三，社会和谐是创新的基石。在经济效益和社会和谐之间，鲁尔区的转型选择了后者。这样的选择可能使鲁尔区错过了一些机会，但它培育的草根创新主体对鲁尔区更加熟悉、更加有感情，他们在鲁尔区的创新工作是长期的、稳定的，不会像外来的人才，随时都可能会离开。雄安在转型过程中也应该为本地居民提供更多的空间和机会，而不能只是追求经济发展的速度和效益。倘若雄安采取加快中心区的拆迁以引入拥有更高端经济水平的居民、加快工业区的搬迁以置换高层次的功能、加快人才的引进以推进地方跨越式发展的方法，加速城市人口的流动和重新分布，诚然可以在一定程度上促进城市的加速发展。但不论是拆迁、搬迁，还是人才引进，都需要保持一个合适的度，需要为原有居民保留一定的缓冲空间，否则在激烈的变迁过程中，原住民的生活方式、社会结构在短时期内被迅速打破，会产生一系列社会问题，既不利于社会稳定，也不利于基层的草根创新群体成长。鲁尔区的转型并没有大刀阔斧，也没有在短时间内实现跨越式发展，它的转型伴随着几代人的成长，鲁尔区的居民并没有被转型的鲁尔区所“抛弃”。因此，转型不仅仅是经济的转型，也是社会的转型，雄安在制定城市公共政策时，一定要充分考虑当地居民的成长和发展空间。让居民参与城市发展，共享发展成果，这才是发展的宗旨、创新的基石。

此外，我们还关注了国外几个典型首都区。从国外典型首都区新城规划建设发展来看，伦敦从新城建设到回归内城，从疏解内城到促进内城新城并举增长；巴黎新城建设使巴黎大区从单中心放射型格局向多中心格局良性发展，后期强调核心区集聚与大区域协同发展；东京通过新城建设减轻核心区域人口压力，后期人口向核心区回流，职住不平衡严重。雄安新区规划建设首先要明确雄安一定时期内城市性质、发展目标、发展规模、土地利用、空间布局以及各项建设的综合部署和实施措施，对未来本区域内功能布局做出整体、统筹安排，充分借鉴国外典型首都区新城发展规划与建设经验，对雄安新区未来建设发展具有重要意义。

雄安新区总体上应着眼城市功能形态开发，推动生活、生产和生态功能同步规划、协调发展，加快形成主导功能明确、空间集约、产城融合、城乡协调的发展格局。在充分借鉴国际经验、充分研究论证的基础上，由新区一把手牵头，协调有关部门，制定“国民经济和社会发展规划”“城乡规划”“土地利用规划”“环境保护”“文物保护”“人口发展”“综合交通”“水资源”“文化与生态旅游资源”“社会事业”等各类专项规划，在城市总体规划与土地利用规划控制指导下制定“城市控制性规划与修建规划”，结合本地区定位与发展制定“科技创新规划”“产业发展规划”，强化相关规划衔接，保证规划体系完整性、科学性、前瞻性与引领性。

（七）雄安新区经济 TOPSIS 模型建立及评价

1. TOPSIS 原理与模型介绍

TOPSIS 法（Technique for Order Preference by Similarity to an Ideal Solution，TOPSIS），即理想解法，是一种多目标决策方法，其基本思想是通过构造问题的“理想解”和“负理想

解”，借助理想解和负理想解去排序，用靠近理想解和远离负理想解的程度，作为评价各个方案的依据。理想解是设想中最好解，各项指标值均达到各备选方案中最好的值；负理想解是设想中的最坏解，各项指标值都达到各备选方案中最坏的值。

TOPSIS 评价模型的建立过程如下：构造初始矩阵。设评价模型有 n 个目标（指标、因素等）（D_1，D_2，…，D_n），m 个被评价单元（M_1，M_2，…，M_m），第 M 个评价单元 M_i（i = 1，2，…，m）在目标 D_j（j = 1，2，…，n）下取值为 M_{ij}，则初始矩阵 M_{ij}为式（1）：

$$式（1）：M_{ij}=\begin{pmatrix} M_{11} & \cdots & M_{1n} \\ \vdots & & \vdots \\ M_{m1} & \cdots & M_{mn} \end{pmatrix}$$

评价指标的同趋势化与归一化：评价指标分为高优指标和低优指标，高优指标是指指标数值越高越优，低优指标反之。评价前，一般将高优或低优指标转化为同一种指标，使所有指标趋势相同。对于相对数指标，采用差值法转化；对于绝对数指标，采用取倒数的方法转化：

$$式（2）：Z_{ij} = \frac{M_{ij}}{\sqrt{\sum_{i=1}^{m} M_{ij}^2}}$$

式（2）中，i = 1，2，…，m；j = 1，2，…，n. 将矩阵 M 中的所有原始数据 M_{ij}同趋化后，得到矩阵 Z = （Z_{ij}） m × n。若原指标已满足同趋势要求，则不进行转化。构造决策矩阵：将原始矩阵按式（2）进行转化，把归一化后的数据矩阵（决策矩阵）记为 Z_{ij}。

式（3）：$Z_{ij}=\begin{pmatrix} Z_{11} & \cdots & Z_{1n} \\ \vdots & & \vdots \\ Z_{m1} & \cdots & Z_{mn} \end{pmatrix}$

确定理想解和负理想解。理想解 Z^+ 的第 j 个指标值为 Z_j^+，负理想解 Z^- 的第 j 个指标值为 Z_j^-，有：

式（4）：$Z^+=(Z_1^+,\ Z_2^+,\ Z_3^+,\ \cdots Z_j^+)$

$Z_j^+=\max\{Z_{1j},\ Z_{2j},\ Z_{3j}\cdots Z_{mj}\}$　j＝1，2，…，n

式（5）：$Z^-=(Z_1^-,\ Z_2^-,\ Z_3^-,\ \cdots Z_j^-)$

$Z_j^-=\min\{Z_{1j},\ Z_{2j},\ Z_{3j}\cdots Z_{mj}\}$　j＝1，2，…，n

根据 Z_{ij} 矩阵和式（4）、式（5）可以得到正理想解 Z^+ 和负理想解 Z^-。

计算距离：

式（6）：$D_i^-=\sqrt{\sum_{j=1}^{n}(Z_{ij}-Z_j^-)^2}$

式（7）：$D_i^+=\sqrt{\sum_{j=1}^{n}(Z_{ij}-Z_j^+)^2}$

确定接近度：

式（8）：$C_i=\dfrac{D_i^-}{D_i^-+D_i^+}$，i＝1，2，…，m；

即 C_i 越大，表明第 i 个评价对象越优；根据接近度的大小，就可以对评价对象进行排序。

2. 评价过程、评价指标选取

考虑到数据的可获得性、指标计算的可操作性、各项指标进行横向比较或指标分级的可能性、数据的科学性和可靠性，采用总评指标、投入（收入）与产出（消费）三大类共 5 个指标，它们分别是人均 GDP、人均社会消费品零售额、城市人均可支配收入、农民人均纯收入和社会年度人均用电量。

3. 运算过程

根据以上确立的评价指标体系，评价模型中共设立了5个指标；以河北省各市与雄安新区经济数据作为评价单元，以《河北省统计年鉴2017》为数据源，可建立评价模型的初始矩阵，原始数据见表6－1。

表6－1 原始数据表

地区	人均GDP（元）	人均社会消费品零售额（元）	年度人均用电量（千瓦时）	城市人均可支配收入（元）	农民人均纯收入（元）
石家庄市	54965	24588	4095.62	30459	12345
承德市	40732	15383	4036.50	24856	8736
张家口市	33129	15439	2713.06	26069	9241
秦皇岛市	43603	22614	2811.82	30348	11621
唐山市	81020	30230	5933.93	33725	15023
廊坊市	58948	19110	5254.70	34633	14286
保定市	29886	15714	2023.79	25680	11612
沧州市	47228	16359	2464.95	28605	11340
衡水市	31892	15168	2293.36	23787	10069
邢台市	26991	13250	2302.28	23913	10006
邯郸市	35407	15895	2296.54	26603	12153
雄安新区	19225	13033	3621.34	25524	13641

由式（1）对表1中的数据做初始矩阵变换，根据式（2）对数据进行归一化处理，得到决策矩阵Z_{ij}。

$$
Z_{ij} = \begin{pmatrix}
0.35325 & 0.37883 & 0.33410 & 0.31321 & 0.27760 \\
0.26178 & 0.23701 & 0.32927 & 0.25559 & 0.19644 \\
0.21292 & 0.23787 & 0.22132 & 0.26806 & 0.20779 \\
0.28023 & 0.34842 & 0.22937 & 0.31206 & 0.26130 \\
0.52070 & 0.46576 & 0.48406 & 0.34678 & 0.33779 \\
0.37885 & 0.29443 & 0.42865 & 0.35611 & 0.32121 \\
0.19207 & 0.24211 & 0.16509 & 0.26405 & 0.26108 \\
0.30353 & 0.25204 & 0.20108 & 0.29412 & 0.25496 \\
0.20497 & 0.23369 & 0.18708 & 0.24458 & 0.22638 \\
0.17347 & 0.20414 & 0.18781 & 0.24587 & 0.22496 \\
0.22756 & 0.24490 & 0.18734 & 0.27353 & 0.27322 \\
0.12356 & 0.20080 & 0.29541 & 0.26243 & 0.30667
\end{pmatrix}
$$

应用式（4）、式（5），根据已经构造的决策矩阵 Z_{ij}，确定各指数的理想解 Z^+ 和负理想值 Z^- 如下：

$Z^+ =$（0.52070，0.46576，0.48406，0.35611，0.33779）

$Z^- =$（0.12356，0.20080，0.16509，0.24458，0.19644）

根据式（6）、式（7）可以确定距离 D^-、D^+，应用式（8）可以得出各评价对象的接近度 C_i。

表 6－2　河北省平均水平与雄安新区经济实力比较的排序

地区	D^+	D^-	C_i	顺序
石家庄市	0.25209	0.35258	0.66173	3
承德市	0.41643	0.21793	0.21499	5
张家口市	0.49025	0.11490	0.05207	9
秦皇岛市	0.37981	0.24337	0.29108	4
唐山市	0.00933	0.60008	0.99976	1

续表

地区	D^+	D^-	C_i	顺序
廊坊市	0.22983	0.41402	0.76444	2
保定市	0.52356	0.10468	0.03844	10
沧州市	0.42851	0.20540	0.18683	6
衡水市	0.51632	0.09534	0.03297	11
邢台市	0.54924	0.06191	0.01255	12
邯郸市	0.48347	0.14138	0.07878	8
雄安新区	0.52274	0.17162	0.09730	7

从表6－2可以看出河北省各市发展水平与雄安新区之间经济发展水平的差异。现将二者按照经济实力排名划分经济梯度，见表6－3。

表6－3　河北各地区经济实力布局

梯度等级	地区	位次
高梯度区	唐山市	1
	廊坊市	2
	石家庄市	3
中梯度区	秦皇岛市	4
	承德市	5
	沧州市	6
	雄安新区	7
	邯郸市	8
	张家口市	9
低梯度区	保定市	10
	衡水市	11
	邢台市	12

从表中可以看出，雄安新区的水平处于河北省的中梯度区，说明雄安新区的建设还有较大的发展空间。加上优势的地理位置、国家政策和环境承载力等因素，新区需要积极承接京津优势产业打造自身产业链、实现内生发展的同时，探索新的经济发展路径。

4. 产业梯度系数分析

区域产业梯度水平测算最先是由戴宏伟教授提出的，用区位商和比较劳动生产率的乘积衡量，称之为产业梯度系数。其中的区位商表明了某地区某行业生产的专业化水平，而比较劳动生产率则是就整个国家来讲，体现了一个地区技术、劳动者素质发展的综合性水平。无疑，产业梯度系数方法弥补了单用区位商方法无法准确地表示区域间劳动生产率差异所引起的偏差问题，而且比较劳动生产率数据较易获取，计算方法比较简便。但遗漏了资本这一非常重要的要素。

就一般情况而言，资本和劳动力存在着互为替代的关系。在一定区域内，劳动力的流动是产业转移的制约因素，而资本的流动则是伴随着产业转移而发生的。资本总是向能实现最佳经济和技术效率的地区转移，由此就会实现在总体技术水平不变的情况下，产业有可能在新的区域保持原有的生产函数，实现低成本高利润的目标。考虑到产业统计数据的可得性，在实际应用中，用区域产业的比较劳动生产率反映区域产业技术的相对水平；用比较资本产出率反映区域产业的盈利能力。以区位商、比较劳动生产率和比较资本产出率三者乘积作为衡量产业梯度大小的取值。

5. 理论介绍

（1）区位商。产业梯度系数 = 区位商 × 比较劳动生产率 ×

比较资本产出率。其中的区位商表明某地区某行业的生产专业化水平。其计算公式是：

$$\text{区位商}=\frac{\text{地区某行业增加值占本地区 GDP 比重}}{\text{全国相应行业增加值占全国 GDP 比重}}$$

如果某产业区位商大于1，表示该行业为该地区的生产专业化部门，在竞争中具有一定优势，是输出地区；如果某产业区位商小于1，则是非专业化部门，在全国同行业竞争中不具备优势，是输入地区。

（2）地区比较劳动生产率。地区比较劳动生产率反映了一个地区技术、劳动者素质等方面的高低程度。其计算公式是：

$$\text{地区比较劳动生产率}=\frac{\text{地区某产业增加值在全国同行业增加值中的比重}}{\text{地区某产业从业人员在全国同行业总从业人员中的比重}}$$

如果某产业比较劳动生产率大于1，说明其劳动生产率高于全国平均水平；如果某产业比较劳动生产率小于1，则说明其劳动生产率低于全国平均水平。比较劳动生产率低的产业的各种要素，在市场利益引导下，一般会向比较劳动生产率高的行业转移。

（3）比较资本产出率。比较资本产出率反映了一个地区某产业的盈利能力。其计算公式是：

$$\text{比较资本产出率}=\frac{\text{地区某产业增加值在全国同行业增加值中的比重}}{\text{地区某产业平均资本在全国同行业平均资本的比重}}$$

如果产业比较资本产出率大于1，说明该产业的资本盈利能力高于全国平均水平；如果某产业比较资本产出率小于1，则说明该产业的资本盈利能力低于全国平均水平。在资本逐利的特质情况下，会引导资本向能够实现最佳经济效率和技术效率的地区转移，从而有利于实现低成本高利润的目标。

6. 实际分析

以上方法在测算地区产业梯度方面是较科学和可行的。根据以上方法，分别测算出的北京、雄安新区、青海三地工业分行业产业的梯度系数如下：

（1）北京市工业产业的梯度系数。根据测算结果，北京市区位商大于1的产业有电力、热力的生产和供应业，电子及通信设备制造业，仪器仪表及文化、办公用机械制造业；比较劳动生产率大于1的产业有黑色金属矿采选业，黑色金属冶炼及压延加工业，通用机械制造业，电力、热力的生产和供应业，电子及通信设备制造业，仪器仪表及文化、办公用机械制造业；比较资本产出率大于1的产业有黑色金属矿采选业；产业梯度系数大于1的产业有电子及通信设备制造业，仪器仪表及文化、办公用机械制造业。

表6－4　北京市工业各行业产业梯度的系数

行业	区位商	比较劳动生产率	比较资本产出率	产业梯度系数
纺织业	0.10	0.90	0.68	0.06
黑色金属矿采选业	0.29	1.45	1.35	0.57
化学原料及化学制品	0.26	0.98	0.70	0.18
黑色金属冶炼及压延加工业	0.70	2.08	0.56	0.82
通用机械制造业	0.44	1.12	0.52	0.26
电力、热力的生产和供应业	1.07	2.21	0.33	0.78
电子及通信设备制造业	1.22	2.29	0.74	2.07
仪器仪表及文化、办公用机械制造业	1.62	1.87	0.91	2.76

（2）雄安新区工业产业的梯度系数。根据测算结果，雄安新区区位商大于 1 的产业有黑色金属矿采选业、黑色金属冶炼及压延加工业；比较劳动生产率大于 1 的产业有纺织业，黑色金属矿采选业，黑色金属冶炼及压延加工业，电子及通信设备制造业，仪器仪表及文化、办公用机械制造业；比较资本产出率无大于 1 的产业；产业梯度系数大于 1 的产业有黑色金属矿采选业、黑色金属冶炼及压延加工业。

表 6－5　雄安新区工业各行业产业的梯度系数

行业	区位商	比较劳动生产率	比较资本产出率	产业梯度系数
纺织业	0. 73	1. 09	0. 04	0. 03
黑色金属矿采选业	10. 26	2. 35	0. 45	10. 84
化学原料及化学制品	0. 75	0. 95	0. 04	0. 03
黑色金属冶炼及压延加工业	11. 79	3. 91	0. 23	10. 57
通用机械制造业	0. 65	0. 88	0. 04	0. 02
电力、热力的生产和供应业	0. 85	0. 84	0. 05	0. 04
电子及通信设备制造业	0. 18	1. 27	0. 01	0. 003
仪器仪表及文化、办公用机械制造业	0. 33	1. 40	0. 02	0. 01

（3）青海省工业产业的梯度系数。根据测算结果，青海省区位商大于 1 的产业有电力、热力的生产和供应业；比较劳动生产率大于 1 的产业有电子及通信设备制造业；比较资本产出率大于 1 的产业有电力、热力的生产和供应业；产业梯度系数大于 1 的产业有电力、热力的生产和供应业。

表 6-6　青海省工业各行业产业的梯度系数

行业	区位商	比较劳动生产率	比较资本产出率	产业梯度系数
纺织业	0.22	0.79	0.03	0.01
黑色金属矿采选业	0.44	0.78	0.22	0.08
化学原料及化学制品	0.97	0.55	0.75	0.40
黑色金属冶炼及压延加工业	0.82	0.42	0.38	0.13
通用机械制造业	0.17	0.51	0.04	0.00
电力、热力的生产和供应业	1.70	0.97	1.01	1.67
电子及通信设备制造业	0.01	3.60	0.02	0.00
仪器仪表及文化、办公用机械制造业	0.05	0.32	0.01	0.00

（4）对比与结论。通过对北京市、雄安新区、青海省工业分行业的梯度系数的计算比较，我们将梯度系数大于 1 且大于另外两个地区的行业，称为有明显优势的行业，用▲表示，该行业是已达到较高发展水平、符合区域产业发展方向的，竞争力将继续不断增强；梯度系数小于 0.5 且小于另外两个地区的行业，是不具备优势的产业，用▼表示，该产业是应当被淘汰的。

表 6-7　北京、雄安、青海的梯度系数及工业分行业优势比较

行业	梯度系数比较			工业分行业优势比较		
	北京市	雄安新区	青海省	北京市	雄安新区	青海省
纺织业	0.06	0.03	0.01			▼
黑色金属矿采选业	0.57	10.84	0.08		▲	▼
化学原料及化学制品	0.18	0.03	0.40		▼	
黑色金属冶炼及压延加工业	0.82	10.57	0.13		▲	▼
通用机械制造业	0.26	0.02	0.00			▼

续表

行业	梯度系数比较			工业分行业优势比较		
	北京市	雄安新区	青海省	北京市	雄安新区	青海省
电力、热力的生产和供应业	0.78	0.04	1.67		▼	▲
电子及通信设备制造业	2.07	0.003	0.00	▲		▼
仪器仪表及文化、办公用机械制造业	2.76	0.01	0.00	▲		▼

根据上述分析，北京市具有明显优势的行业有电子及通信设备制造业，仪器仪表及文化、办公用机械制造业；雄安新区具有明显优势的行业有黑色金属矿采选业、黑色金属冶炼及压延加工业；青海省具有明显优势的行业有电力、热力的生产和供应业。

雄安新区不具备优势的行业有化学原料及化学制品，电力、热力的生产和供应业；青海省不具备优势的行业有纺织业，黑色金属矿采选业，黑色金属冶炼及压延加工业，通用机械制造业，电子及通信设备制造业，仪器仪表及文化、办公用机械制造业。

由此可以看出，根据产业的优劣、政策调整与环境状况，北京市可以将部分电子及通信设备制造业，仪器仪表及文化、办公用机械制造业迁至雄安新区，帮助促进雄安新区的发展。雄安新区可以将部分黑色金属矿采选业、黑色金属冶炼及压延加工业等行业迁至青海省，在改善新区环境的同时为产业的转移腾出空间，进一步提高雄安新区的发展潜力。

四、主题宣讲

（一）在雄安新区规划馆

河北雄安新区的设立，是以习近平同志为核心的党中央作出的重大决策部署，目的是推进京津冀协同发展、促进产业结构优化升级、探索建设现代化经济体系新引擎。为深入贯彻落实习近平新时代中国特色社会主义思想，自觉融入京津冀协同发展大势，发挥专业所长，助力雄安发展，2019 年 7 月 9 日，社会实践团前往雄安新区规划馆参观调研，并开展产业梯度发展、中国特色社会主义理论体系主题宣讲活动。

首先，社会实践团成员在工作人员的引导下集中参观了雄安新区规划馆，听取了工作人员对于新区产业结构特点、科技创新水平、综合治理新貌的讲解。随后，社会实践团的宣讲成员针对新区产业结构转型升级的历程，以生动具体的实例、精准凝练的词语、通俗易懂的语言为大家详细介绍了产业梯度发展的现状与未来。社会实践团分析了亚洲“四小龙”的独到经验，提出当不同国家或区域之间经济发展水平存在梯度差异时，产业梯度发展便应运而生。发达区域可以将落后产能转移到欠发达区域，腾出空间来发展先进产能，而那些转移出去的落后产能在欠发达区域仍可以继续生存和发展，从而促进整个经济体的发展与扩张。由此推及至京津冀地区的产业转移问题：北京和天津处于高梯度，河北则处于低梯度，因此三地间存在产业梯度转移的基础，若由雄安新区承接京津先进产能，促进新旧动能转化与产业转型升级，则将促成区域协同发展。

通过本次对于产业梯度发展的主题宣讲，大家深刻认识到：产业梯度转移的阶段性战略是新区发展的必然要求，只有遵循共建、共享、共赢的发展模式，雄安新区才能拥有无限的未来。在交流中一位当地游客感叹道："同学们带来的宣讲十分精彩，让我们这些基层群众都了解到了我们国家的上层建筑是如何运转的。以前只看到了我们雄安的变化，却不知道到底怎么变的，今天终于知道了是怎么一回事儿，明白了党这些年在做什么！"

接着，基于工作人员对于雄安新区发展规划的具体介绍和政策支持，社会实践团成员便以"发展"为切入点，从宏观层面向游客们介绍了中国特色社会主义理论体系和习近平新时代中国特色社会主义思想，以严谨缜密的逻辑体系和简洁清晰的表达方式为大家理清其内涵：指出中国特色社会主义理论体系，就是在新的时代条件下系统回答了什么是社会主义、怎样建设社会主义，建设什么样的党、怎样建设党，实现什么样的发展、怎样发展等重大理论实际问题；而习近平新时代中国特色社会主义思想则系统地回答了新时代坚持和发展什么样的中国特色社会主义、怎样坚持和发展中国特色社会主义。

我们重点从政治、经济、文化、社会、军事等领域带领大家回顾了我们党在创新理论的指引下，凝心聚力，为社会主义现代化建设作出的不懈努力。尤其是社会建设部分的讲解，引起了大家的强烈共鸣，毕竟我们都真切地享受着完善的基础设施建设给人民生活带来的福祉，共同生长在一个学有所教、劳有所得、病有所医、老有所养、住有所居的幸福中国。大家也深刻认识到：正是党的正确领导和中国特色社会主义理论体系使党和国家各项事业取得了历史性成就，使中华民族伟大复兴展现出前所未有的光明前景。一位一直在专注聆听的老人有些激动地说道："这些年党一直在为我们群众谋福利，想尽办法为我们谋发展，我明显地感觉到身边亲戚朋友们的生活都变好了，国家发展的力量真的越发强大了！"我们也坚信，当中国发展走到新的关键节点，共产党人必将坚守"我将无我，不负人民"的铿锵誓言，永葆艰苦奋斗、廉洁自律的政治本色，再启催人奋进、勇往直前的壮阔征程。

（二）在西大坞三村

习近平总书记在党的十九大报告中深刻指出："党的基层组织是确保党的路线方针政策和决策部署贯彻落实的基础。"任何方针政策的最终落实，都离不开基层组织这一战斗堡垒的引领作用，离不开广大基层群众的支持配合。为深入学习理解中国特色社会主义理论体系，坚定广大群众对社会主义的信念及对党和政府的信任，深刻挖掘产业梯度发展理论在雄安新区的战略意义，积极支持新区建设，社会实践团走进基层，来到雄安新区七间房乡西大坞三村进行实地调研与主题宣讲，与当地居民一起探讨分析村内相关产业转型升级的可行路径。

首先，社会实践团在西大坞三村党支部开展了产业梯度发展宣讲会，着眼于产业梯度发展的微观层面，关注西大坞三村发展的实际情况。宣讲成员列示前期调研数据，总结指出当前新区几大支柱产业都属于劳动密集型产业，而这些产业最初起步于一个个小作坊，正是充分利用规模优势，贯彻落实创新驱动发展战略，不断增强核心竞争力，于是逐渐在镇域内形成主导产业；宣讲同时也肯定了目前村内普遍存在的家庭作坊对于西大坞三村经济发展的重要价值——是市场壮大的要素禀赋和经济发展的内生动力。随后，社会实践团成员与西大坞三村党员群众进行热烈讨论，积极为村内产业发展建言献策。大家都深刻认识到传统产业升级转型已经急不可待，要紧跟时代浪潮，更新换代新设备，提高生产效率；充分利用网络信息技术，逐步实现实体经济和互联网、大数据的深度融合。村民们都情绪激昂，感触颇深，他们表示，雄安新区的设立毋庸置疑给西大坞村带来了新的发展机遇，他们作为村里的一分子，一定会紧跟时代大潮，支持党和政府的一切工作，配合上级要求完成产业的转型升级工作，积极为家乡建设添砖加瓦，共同迎接新区的光明未来。

接着，社会实践团成员走访村民家中，进行入户宣讲。他们拜访了一位70多岁的老党员，老党员讲的关于他年轻时听党指挥奋力投身家乡建设的点滴，和这片红色土地上发生的那些震撼人心的红色故事，令在场的每一个人都为之动容。社会实践团成员则简洁清晰地给老党员介绍了党中央的一些战略决策部署，分析了这些年来党的路线方针政策的变化调整。听完他们的宣讲，老党员感慨道："我生长在红旗下，一直都在践行着党的方针政策，只是我现在老了，眼睛看不太清了，思维也没有以前灵活了，很多时候都力不从心，都有点和时代脱节了。很高兴这次你们华北电力大学的同学们来给我们宣讲，有这样优秀的一代年轻人，我们的事业真是后继有人啊!"告别老党员后，社会实践团又走进一户普通居民家中，见到几位老人正聚在一起卖力地编制篮子，便凑近向他们询问细节。交谈中，社会实践团了解到这是用芦苇秆编制篮子，取材方便，编制的成品也坚固结实有销路，是当地很多留守在家中的老人的营生方式。社会实践团成员不禁对这些勤劳朴实、努力生活的爷爷奶奶们产生敬意，同时也向他们宣讲了当前的产业梯度转移政策，肯定他们作为其中低梯度但也是不可或缺的一部分的重要价值，并为他们提供了一些切实可行的改进建议。老人们激动地表示，西大坞三村就是一个大家庭，村里好、大家好，自己就好，会紧跟党走，做好力所能及的事情，一起建设更美好的家园。

之后，社会实践团成员在村委会负责人的带领下来到了有村民正在劳作的田间地头，与农民伯伯们亲切交谈，了解他们平时的劳作情况。放眼望去，秸秆遍地，社会实践团成员便从环保和生态建设出发，为村民介绍了中国特色社会主义理论体系中的一些具体内容。宣讲成员首先带领大家重温了中共中央于 2018 年发布的文件《中共中央 国务院关于实施乡村振兴战略的意见》，文件中多次提到要推进农村地区的可再生能源开发利用。接着以简明生动的语言为他们介绍了秸秆的巨大作用，如用作生产原料、还田、包装物等，以及目前秸秆产业化存在的主要问题和解决途径；还以安徽省秸秆综合利用产业协会为例，为他们讲解了秸秆综合利用的正面例子。通过宣讲，社会实践团成员也深刻认识到党的十八大以来，不断强调把生态文明建设融入经济建设、政治建设、文化建设、社会建设各方面和全过程，这是党中央站在谋求中华民族长远发展、实现全体人民共同富裕的战略高度，作出的重大战略抉择，构筑了中国特色社会主义生态文明建设的完整理论体系。

宣讲结束后，村民们纷纷表示，这样的宣讲活动很有意义，不仅能了解到许多之前不了解的知识，还关注到了许多以往被忽视的问题，今后一定会去多了解习近平总书记的一系列讲话思想，不落后于时代，一起为建设美丽乡村不懈奋斗。

（三）在任丘市

2019 年 7 月，社会实践团在任丘市进行宣讲。为响应中共中央办公厅、国务院办公厅印发的《关于隆重庆祝中华人民共和国成立70周年广泛组织开展“我和我的祖国”群众性主题宣传教育活动的通知》，激发群众爱国热情，展示中华人民共和国成立70年来的光辉历程、伟大成就和宝贵经验，动员全党全军全国各族人民更加紧密地团结在以习近平同志为核心的党中央周围，不忘初心、牢记使命，社会实践团成员在任丘火车站前组织进行了以庆祝新中国成立70周年为主题的宣讲活动。

在宣讲过程中，社会实践团成员讲述了70年来祖国在中国共产党领导下实现的宏图伟业。从“两弹一星”、载人航天的伟大成就，到“旧时王谢堂前燕，飞入寻常百姓家”的生活变化。这70年，中华人民共和国从兵连祸结、满目疮痍，到如今的欣欣向荣、万象更新；这70年，我们党把中国共产党为什么能、马克思主义为什么行、中国特色社会主义为什么好的答案，书写于神州大地的沧桑巨变中，书写于亿万人民的美好生活中。

社会实践团成员表示，在科技日益发展的今天，中国这个古老而又现代的东方大国焕发出强大的生机活力。这正是其接过前辈的接力棒，夺取习近平新时代中国特色社会主义伟大胜利，进而实现中华民族伟大复兴的中国梦的关键时机。社会实践团成员身为新时代的有志青年，要有理想、有担当，以优异成绩向新中国成立70周年献礼。

社会实践团成员慷慨激昂的宣讲引起了群众的广泛共鸣，大家都切身体会着祖国一点一滴的变化，特别是党的十八大以来，以习近平同志为核心的党中央迎难而上，开拓进取，推动党和国家事业不断发展的历史性成就和变革。一位住在周围的居民激动地说道："这些年来大家出行更加便捷了，购物更加方便了，生活也越来越富裕了，任丘的变化和发展我们老百姓都是有目共睹的！"大家也纷纷表示要牢记历史，发扬革命传统和优良作风，紧紧团结在一起，不忘初心、砥砺前行，把党的十九大绘就的宏伟蓝图一步步变为美好现实，为祖国母亲献上自己的"生日礼物"。

（四）在雄安新区

新区之行中吸引社会实践团的不仅是锐意进取、创新活力的氛围，还有开放包容的人文气息。遇到的人总是热情友善，向社会实践团展示着一种"雄安气度"。社会实践团成员行走在雄县的街头，就遇到了一群热情的新区群众，为了进一步调研雄安新区设立及一系列规划实施对当地人民生活产生的影响，以及人民对此的反响，社会实践团成员与新区群众交流起了雄县这些年来的发展与变化。社会实践团了解到，自从两年前宣布设立雄安新区以后，雄县发生了翻天覆地的变化：各项基础设施不断完善，人民生活水平有了很大提升；新区设立以后，传统产业开始实施现代化改造提升，高污染、高耗能产业则进行战略外迁，产业生产效率也得到了质的提升。群众言语朴实，更显示出新区的设立对当地居民们来说是一件益民利民的大好事，大家都欢喜并支持着。

此外，为了让新区群众进一步了解雄安新区的发展，社会实践团的宣讲同学以简洁凝练的语言从新区设立的重大政治意义、创新发展模式、产业转移战略等多个角度全面地进行阐述，归纳指出在这样的基础下，为了更好地发展雄安，产业转移是工作重点。提升区域吸引力，明确创新、协调、绿色、开放、共享的新发展理念，是新区发展提升竞争力和吸引力的重要指引。因此，新区对“高污染、高能耗、高排放”的企业进行转移，进而对符合发展方向的传统产业实施现代化改造提升，发展高科技产业。在其建设中，我们就应该坚持世界眼光、国际标准，将雄安打造为国际化中心城市；坚持弘扬中华优秀传统文化、延续历史文脉，使现代创新元素与传统文化、历史相交融；在建设中要有道路自信、理论自信、制度自信和文化自信，创新现有全球新城区发展模式，创新中国文化；高点定位，坚持生态优先、绿色发展，以体制机制创新为牵引，以创新产业为依托，打造生态文明、人与自然和谐共生的新城区；国家一直坚持以人民为中心，注重保障和改善民生，雄安的建设也坚持“以人为本”的发展理念。

新区群众听后感慨良多，欣慰于新区不断发展的同时，也表示在雄安新区不断建设的过程中，他们也会努力发挥自己的一份光和热，共同描绘雄安新区美好的未来蓝图。

（五）在雄安新区示范区

为深入学习贯彻习近平新时代中国特色社会主义思想和党的十九大精神，坚持世界眼光、国际标准、中国特色、高点定位，创造“雄安质量”，培育现代化经济体系新引擎，建设高水平社会主义现代化城市，借鉴国际成功经验，集思广益、深入论证，社会实践团成员在雄安新区七间房乡的一个公园内，给新区群众带来了一场涵盖面广、精彩纷呈的宣讲。

首先由一位团成员基于产业梯度转移理论在雄安新区的应用进行宣讲。该团成员聚焦拥有众多玻璃纤维制造产业的七间房乡的发展现状，指出产业转型升级可谓是迫在眉睫；同时提出对于技术引进、吸收，进而独立研发的分析，引起了群众的热烈讨论；而呼吁家里拥有小作坊的居民遵纪守法、合法生产更是引起了群众的共鸣，一位居民坚决果敢地说道："虽然现在我们七间房乡大多数的玻璃纤维厂已经达到了国家生产要求，但是仍有小部分还没有达标甚至私下进行违法生产活动，对于他们必须严加管理、严格制裁。人民权益靠法律保障，法律权威靠大家共同维护，我们都应勇担法律的守护者、捍卫者，这是每一个人义不容辞的责任！"

接着由另一位成员带来题为《信仰之光照亮前行之路》的"我和我的祖国"主题宣讲。该成员以100年来五四精神的传承为主线，回顾了古老中国从沉沦走向复兴的历史，展望了中华民族伟大复兴的进程。重温血与泪写就的辉煌，那荡气回肠的奋斗历程，令听众不禁鼓掌称叹。群众纷纷表示："我们现在能拥有美好幸福的生活要感谢我们党的正确领导，是强大的祖国让我们拥有现在的安逸生活。"而社会实践团的其他成员也深有感触：不忘初心，方得始终。作为新时代新青年，要树立与这个时代同心同向的理想信念，弘扬工匠精神，潜心研究学问，解放思想、励志勤学、刻苦磨炼。用中国特色社会主义的真理光芒、用共产主义的信仰力量，续写光辉历史，创造美好未来！

（六）在西大坞三村党支部

为全面学习贯彻党的十九大精神、加强对以习近平同志为核心的党中央的衷心拥护、感受党的十八大以来砥砺奋进取得的巨大成果，提高"四个意识"、增强"四个自信"，社会实践团在西大坞三村党支部开展党的十九大精神、习近平新时代中国特色社会主义思想宣讲会。

首先，社会实践团成员与西大坞三村党员群众一道细致学习了党的十九大报告，宣讲人提取了报告每一章的重点内容，以严谨缜密的逻辑体系和接地气的表达方式做出详细解读，通过简明准确的宣讲和清晰的图表、照片，村民对党的十九大精神有了更多的认识。宣讲到贯彻新发展理念、保障人民当家作主、建设美丽中国等内容时，西大坞三村的党员同志感触颇深，他们表示：“党的十九大报告中体现了中国共产党深切的人民立场，华北电力大学这次宣讲是对村党支部集体学习的有力补充，是一次主题鲜明、卓有成效的宣讲会，宣讲更加全面地解读了党的十九大精神，让大家把握了今后国家发展大势，促使我们新区群众凝心聚力奋进全面建成小康社会的宏伟目标。”

学习党的十九大报告后，社会实践团以党的十八大以来5年来的工作和历史性变革为主线，从政治、经济、民生、科技、生态等领域回顾了5年励精图治、同心同德取得的伟大成就。宣讲充分利用“砥砺奋进的五年”“复兴之路”线上博物馆资源，为西大坞三村党员群众带来身临其境的参观体验。从疾驰的高铁到遥望星空的“天眼”、“华龙二号”核电站，到世界第一的中国超算，祖国的繁荣富强让大家十分激动。大家深刻认识到，正是党的正确领导和社会主义制度使党和国家各项事业取得了历史性成就、发生了历史性变革，使中华民族伟大复兴展现出前所未有的光明前景。

接着，社会实践团开展了习近平新时代中国特色社会主义思想的宣讲活动，以“深刻领会新思想、奋力走好新征程”为主题，对习近平新时代中国特色社会主义思想进行了全面解读。社会实践团首先回顾了党的指导思想与时俱进、不断发展的伟大历程，认识到习近平新时代中国特色社会主义思想作为全党全国各族人民为实现中华民族伟大复兴而奋斗的行动指南的历史意义。社会实践团围绕：新时代催生新思想、新思想具有新品格、新思想引领新征程、新思想开辟新境界这四大主题，对新思想的内容进行具体阐释。“永不懈怠、一往无前”表明党中央带领人民开拓未来的决心，“胸怀天下、立己达人”让人们领略了新思想对世界的担当和贡献。看时代潮流，浩浩荡荡；望历史车轮，滚滚向前。宣讲会最后号召全体党员群众高举习近平新时代中国特色社会主义思想伟大旗帜，以永不懈怠的精神状态和一往无前的奋斗姿态，从胜利走向新的胜利！

沧海横流显砥柱，万山磅礴看主峰。大家纷纷表示：长期以来，中国共产党团结带领中国人民和中华民族不懈奋斗、顽强拼搏，在这个风云变幻的历史节点，中国人民强起来的愿望更加强烈。我们一定要学习贯彻党的十九大精神，认真领会习近平新时代中国特色社会主义思想，努力工作，不断进步，建设好雄安新区，为伟大复兴贡献力量。

五、宣讲成果

（一）提高了基层政治意识

2019 年 7 月 6 日至 9 日，社会实践团赴河北雄安新区开展 2019 年北京高校师生服务首都“四个中心”功能建设“社会实践活动”。本次活动以“不忘初心、牢记使命，勇敢担当民族复兴大任的时代新人”为主题，深入贯彻落实习近平新时代中国特色社会主义思想和党的十九大精神，紧紧围绕产业梯度发展和京津冀一体化建设总体布局。真抓实干、推陈出新，扑下身子搞调研、撸起袖子加油干，促进产业转型升级、加强政治能力建设，取得了雄安新区群众的一致好评。

在产业梯度发展宣讲会上，社会实践团以传统的理论宣讲方式为基础，贴近时代要求，回应基层所需，重点突出了与群众生活息息相关的内容，全面激发群众对京津冀一体化建设布局的热情；推陈出新，创新性地引入互联网资源，极大地丰富了宣讲方式；通过结合雄安新区的战略定位与创新发展新思路，增强了居民群众对雄安新区发展的认知，提振了大家对新时代河北地区发展的信心。社会实践团一共开展了近 20 场宣讲会，受众百余人。系列理论宣讲在西大坞三村党员群众中取得了积极反响，某村民有感而发："雄安新区是千年大计，在建设过程中如何紧跟时代步伐，规范一些不良倾向，少走弯路是十分重要的，华北电力大学此次宣讲是对村民集体学习的有力补充，是一次主题鲜明、卓有成效的宣讲会。"另外，一个小作坊主十分赞同社会实践团对当下雄安新区产能布局的分析和对雄安新区产业功能定位的建议，他表示：此次宣讲增强了他们对雄安新区发展前景的信心，而他作为民营经济贡献力量的一分子，更会不断开拓进取，增强创新意识，攻坚克难。通过一系列的学习和讨论，社会实践团更加坚定了新时代继续走中国特色社会主义道路的信念，必将以昂扬的斗志、更加有为的举措，为实现"两个一百年"奋斗目标、实现中华民族伟大复兴的中国梦而不懈奋斗。

（二）为产业梯度发展提供了群众基础

本次宣讲紧紧围绕京津冀协同发展现状：在推进京津冀协同发展的过程中，产业梯度发展转移无疑是社会最为关心的话题之一。河北各地也都在积极为承接京津转移产业的落地，兴建工业园区，召开投资推介会。

宣讲指出京津冀产业梯度落差较大，导致产业协同进展较慢。从现有产业协同过程中产业承接情况来看，河北所承接的北京产业多数还停留在低层次水平，如第一产业主要围绕北京城市居民的菜篮子、米袋子进行产业合作；第三产业多集中在物流、旅游等传统服务行业；第二产业多集中在技术含量低、附加值低、耗能高的产业，而高新技术产业转移受河北产业配套基础薄弱和缺乏相应的政策环境制约，因而承接得较少，产业集聚缓慢。

接着，宣讲谈及京津冀产业难以协作，也是因为三地的社会经济水平差距过于悬殊，河北很难对京津两地的产业实现逆向吸引。同时北京群众人口压力大也是目前主要问题，化解人口压力、促进产业梯度发展的办法就是通过区域发展来建立“反磁力基地”，一方面是把城市中心的人口吸引到反磁力基地中，另一方面是把想要进入城市中心的人“拦下来”，通州和雄安新区就是京津冀重要的反磁力基地。

系列理论宣讲在七间房乡西大坞三村群众中取得了积极反响，村民纷纷意识到：雄安新区所辖三县也有颇具产业规模和竞争优势的传统产业，一些产业如服装箱包业有着良好的产业基础，其劳动密集型产业特征与当地劳动技能和人力资本结构是相匹配的。只有坚持产城融合、职住均衡和以水定产、以产兴城原则，采取集中与分散相结合的方式，推动形成起步区、外围组团和特色小城镇协同发展的产业格局，才能构建一流的承接平台、基础设施、公共服务，重点承接北京疏解的事业单位、总部企业、金融机构、高等院校、科研院所等功能，重点发展人工智能、信息安全、量子技术、超级计算等尖端技术产业基地，建设国家医疗中心。在积极探讨中，村民纷纷表示，只有引入京津优质教育、医疗卫生、文化体育等资源，建设优质共享的公共服务设施，提升公共服务水平，构建多元化的住房保障体系，才能增强新区承载力、集聚力和吸引力，打造宜居宜业、可持续发展的现代化新城。

新时代开启新征程，新使命呼唤新作为，社会实践团新青年作为京津冀一体化发展的中坚力量，一定要在以习近平同志为核心的党中央领导下，多措并举、综合施策、书写新时代雄安新区的壮丽新篇。

（三）凝心聚力发展雄安新区

在雄安新区管委会办公区，社会实践团与负责人进行了良好的交流。负责人指出：雄安新区当地政府认真贯彻落实党中央对雄安新区的总体规划部署，在组织机构上设置中共河北雄安新区工作委员会和雄安新区工作委员会，并通过设置改革发展局、生态环境局、雄安集团、规划建设局等新型组织机构，科学系统地完善基层政治部署。对于社会实践团提到的雄安新区未来发展问题，负责人向社会实践团介绍雄安新区未来作为北京非首都功能疏解集中承载地，要建设成为高水平社会主义现代化城市、京津冀世界级城市群的重要一极、现代化经济体系的新引擎、推动高质量发展的全国样板。就产业梯度发展和产业转型升级问题，当地负责人对社会实践团的调查结果和建议结论表达了高度认可；与此同时，就雄安的现实发展问题，也高度认可了社会实践团提出的结合自身定位、协调开放发展的倡议。

在雄安新区七间房乡的西大坞三村，社会实践团与该村党员群众开展了热切的交流活动。社会实践团以“产业梯度发展和京津冀一体化战略布局”为宣讲主题开展了宣讲活动，强调了在产业转型升级和产业深度发展中将“创新、协调、绿色、开放、共享”作为不变主题，坚持把绿色作为高质量发展的普遍形态，充分体现生态文明建设要求，坚持生态优先、绿色发展，贯彻绿水青山就是金山银山的理念，创造优良人居环境，实现人与自然和谐共生，建设天蓝、地绿、水秀的美丽家园。以创新驱动发展，以开放引领发展，以勤劳加快发展。把创新作为高质量发展的第一动力，把开放作为高质量发展的必由之路。主动服务北京国际交往中心功能，为提升京津冀开放型经济水平作出重要贡献。西大坞三村的村民也对社会实践团宣讲的主题和内容高度认可，强烈赞同，掌声经久不息。

当地村民对雄安新区的建设发展表示高度的热情和积极的干劲。通过团队的宣讲，他们不仅认识到雄安新区的发展是党中央的重要决策，是国家大事，更认识到这是对雄安新区的重大利好。在产业梯度发展和产业转型升级的过程中，当地居民顺应发展主流趋势，努力推动产业梯度调整和转型升级，积极响应新区建设的要求与当地政府的组织和号召，通过合理有效的途径解决了失业再就业问题，更因此带动了雄安新区诸多产业的发展和人民收入的提高。

社会实践团的系列宣讲活动让所有受众形成了一个共识：无论是雄安新区的管理者和推动新区发展的工作人员，抑或作为新区建设最基础力量的普通民众，都洋溢着建设新区的高度热情和昂扬斗志，都充满了对雄安未来发展充足的信心和高度的期望，都满怀了对党中央和新区政府决策的大力支持和衷心拥护。

团结一致，凝心汇力，在产业发展的梯度调整和转型升级中，在新区热火朝天的建设中，人民和党中央保持高度一致，共同为雄安新区的高水平发展、美好未来的构建、经济的绿色可持续发展而团结，为建设高水平社会主义现代化城市、京津冀世界级城市群的重要一极、现代化经济体系的新引擎、高质量发展的全国样板而奋斗！

社会实践活动提供了一个让社会实践团走进现实、走向大众，连接艺术、科技、文化与应用的平台。社会实践团依托本次活动对河北雄安新区进行实地考察，拓宽了视野，增长了见识，实现了自我的充实和提高，实现了个人之于社会的价值。社会实践团应努力投身北京“四个中心”“国际一流和谐宜居之都”建设，为建设国际一流和谐宜居之都作出贡献！

六、志愿活动

（一）志愿支教、科技支撑

为了贯彻落实中共中央、国务院《关于进一步加强和改进大学生思想政治教育的意见》精神，鼓励党支部学生主动服务社会，把书本的知识与实践活动相结合，学以致用、接受教育、增长才干，社会实践团成员在雄安新区七间房乡西大坞三村党支部指导与配合下开展了志愿支教、科技支撑活动。

在本次志愿支教活动中，社会实践团成员制作宣讲教案，以传统的教学模式为基础，贴合科技支撑主题，以普及科技知识为重点，为学生辅导功课，发放纪念品。在介绍农村扶贫政策的进展以及成效时，学生党员通过社会资讯和视频资料，让村民们了解到随着脱贫攻坚、乡村振兴战略实施，越来越多的人过上了幸福生活，而青年学生作为未来发展的中坚力量更应该努力奋进，为全面建成小康社会贡献力量。

在科技知识的普及活动中，社会实践团成员利用横幅、标语、黑板报等多种形式开展科普知识、法规宣传活动，散发各类宣传资料300余份，极大地提高了学生的安全、健康意识。同时，社会实践团成员科普了煤气使用中存在的隐患、事故发生时的应急处理办法以及水垢处理的生活常识，鼓励孩子们学习科技知识，倡导低碳生活理念。本次活动以提高孩子们的科技创新能力为重点，科技创新能力是当今社会活力的标志，提高科技创新能力是国家发展的关键。

在分析学习技巧和学习态度的课程中，社会实践团以“书中自有黄金屋”为切入点，提高孩子们对学习的重视程度。在当代社会中，学习作为一项生存技能而存在，需要运用技巧让学习变得更加有趣而高效，基于此目的，社会实践团成员和孩子们分享了学习技巧：例如，如何合理安排时间、如何利用课堂以及提高学习效率，希望孩子们在科学的方法指引下能够更加热爱学习，更熟练掌握所学知识。此外，社会实践团以“态度决定一切”为重点话题，向孩子们介绍了学习态度的重要性以及如何端正学习态度，希望孩子们立足现在，即刻行动。

在本次活动的最后，社会实践团对华北电力大学进行了介绍。介绍了学校各个专业的相关情况，增进大家对华北电力大学的了解，也希望孩子们根据自己对各专业各行业的喜好，树立奋斗目标，点亮新时代的电力之光。

志愿支教作为本次共建活动的重要组成部分，不仅仅是提高能力，传授知识，更意味着要自我学习，接受历练；不仅仅是接触不同的学生，更要了解学生特质，发掘学生的潜力。支教期间，社会实践团认识了很多孩子，同时欣慰地看到，通过社会实践团成员的努力，孩子们提高了自身的科学文化水平，拓宽了视野，树立了更加远大的人生志向，少年强则国强，社会实践团成员衷心祝愿孩子们的明天更加美好，书写新的时代篇章。

（二）公益劳动、精准扶贫、冬奥宣传

为培养不怕吃苦、艰苦奋斗的精神，社会实践团成员在七间房乡西大坞三村进行了公益劳动。社会实践团成员进村入户、上堤下地，帮助老乡锄草、浇地、施肥。在当地老乡的指导下，学习农活知识，了解农作物的生长和收获等相关知识。同时，社会实践团成员也学习了圈养牲畜的相关知识，比如如何饲养鸡鸭、养殖鱼虾。公益劳动不仅让同学们学到了书本外的知识，还检验了同学们学过的知识，锻炼了同学们的意志力，更提高了同学们的党性觉悟。

“精准扶贫”政策是国家重点建设的政策，当精准扶贫活动在全国范围内如火如荼开展时，华北电力大学经济与管理学院2017社会实践团也积极响应国家政策，在共建的第一次党支部会议结束之后，进行了扶贫活动。社会实践团代表向七间房乡西大坞三村党支部赠送所购买的关于毛泽东思想、习近平新时代中国特色社会主义思想的书籍，以表示双方党支部始终深入学习贯彻党的会议精神和党的先进理念，始终保持党性的决心和信念。同时还赠予该党支部学校的宣传书籍，以增进党支部间的相互了解。另外，社会实践团还赠予了学生的文具盒和书本，以鼓励他们好好学习、天天向上，以成为国家栋梁为目标，在未来为党的事业贡献自己的力量。同时，在了解了当地群众的困境之后，经济专业的同学还结合专业知识，与当地人民深入讨论，讲解理财知识，提出了一些供村民参考的建议。

在了解了当地的“互联网＋政务服务”和“互联网＋电

子商务”的发展状况之后，社会实践团成员为当地群众和党支部提供了“互联网＋”的相关经济知识，介绍了大数据在当今时代的重要作用，希望群众可以通过网络平台和媒体发展本村的商业，拓展村中商品销售渠道。同时，社会实践团成员提议可以在网络平台上树立良好的村镇形象，努力形成“一镇一品”的独特品牌文化。同学们利用自己专业知识为当地发展提出了建议，旨在给乡党支部带来新的商业理念，在本次活动中社会实践团与当地党支部建立了更加密切的联系，和当地群众感情更加深厚。

为了响应冬奥会的号召，增进大家对冬奥会的了解，营造冬奥氛围，社会实践团专门召开了以冬奥会为主题的体育运动的会议，邀请当地群众参加会议，利用 PPT 和讲义传单为当地党支部的群众讲述了冬奥会的相关知识，会议讲解了冬奥会的重要意义，学习了习近平总书记对冬奥会筹办工作的重要指示精神。同时，社会实践团依托线上的微信平台来宣传会议内容、传播冬奥文化，利用不同题材的数字化图片视频进行组合与设计，让冬奥影像走进群众，激发群众参与冰雪运动的热情，营造全社会积极支持参与北京 2022 年冬奥会的浓厚氛围。

（三）文化展演

文艺活动有助于促进社会主义先进文化的创新性发展，农村文艺活动的开展，可以使老百姓更加了解新时期农村建设的实质内涵，对推进社会主义新农村建设、陶冶农村群众的情操、塑造健全人格有着十分积极的作用。

为了增进与村党支部之间的文化交流，丰富村民的文化生活，传达新一代青年奋勇向前的满腔热血，架起我院与群众之间的一座桥梁，社会实践团在精心策划排练之后，组织了一场以“不忘初心 奋勇前进”为主题的文艺展演。在文艺展演前，社会实践团精心挑选出《不忘初心》《再一次出发》两首合唱曲目。在完成准备音响设备、寻找训练场地等前期工作之后，党支部开展了多次的合唱排练。刘睿智同学则选出小提琴曲目《春天的故事》，进行了刻苦、精细的准备练习。

文艺展演开始，社会实践团首先带来的是两首红色歌曲的合唱。随着激情澎湃的伴奏声在西大坞三村响起，在场的每一位村民及干部都打起精神，将注意力集中在成员身上。铿锵有力、深情饱满的歌唱声填满了会议厅的每一个角落，社会实践团用最好的状态、最动人的声音向在场的各位传达着他们对历史的感恩与铭记，以及在新时代再一次出发的宏伟抱负。

随后带来的是小提琴曲《春天的故事》。悠扬婉转的琴声在宽敞的报告厅内响起，那极富穿透力的声音震颤着每一位听众的心灵。舒缓优美的旋律向人们诉说着改革开放以来老百姓的巨大收获，传达着我们新一代年轻人对光辉历史的深刻铭记。

本次文艺展演，社会实践团向村民展现出新一代年轻人不忘初心、充满理想抱负的积极心态，不仅增强了社会实践团的志愿服务意识与社会责任感，也为当地提高基层群众文化素养、推动精神文明及新农村建设作出了贡献。大家纷纷表示：“通过本次文艺展演，我们深刻感受到应牢记我党筚路蓝缕的光辉历史，牢记祖辈们为我们带来幸福生活的来之不易，在新时代的背景下再一次出发，努力实现中华民族伟大复兴的中国梦！”

第三节　“智慧光伏温室”碳减排践行者

——耕新拾光实践团在行动[①]

一、实践内容

为践行“双碳”目标，探索“光伏＋农业”新模式。华北电力大学“双碳”青年实践团——耕新拾光团通过理论学习、实地调研、技术转化等方式，聚焦尚处于发展初期的光伏温室，将清洁能源开发利用与农业现代化相结合，并设计了升级方案，旨在推动农业智慧低碳发展，助力“双碳”目标实现。

（一）理论学习——打铁必须自身硬

实践团成员肖文元等在带队老师崔鹏、黄凯兰、焦扬的指导下，积极努力学习“双碳”目标与新能源等相关专业知识，为后续实地调研、技术转化奠定坚实理论基础。在中共中央、国务院《关于完整准确全面贯彻新发展理念做好碳达峰碳中和工作的意见》的引领下，广泛调研国内光伏市场、设施农业发展现状。从中了解到目前传统光伏温室存在“成本高”“操作难”“光竞争”等发展难题。基于此，实践团成员发挥新能源专业优势，优化光伏温室系统的功能与配置，提出“半透明光伏＋温室”和智慧控制系统的优化解决方案。

（二）实地调研——让问题浮出水面

为深入了解国家政策，更加明确光伏温室行业的发展现

---

① 此实践涉及专利，在此只摘取部分内容。

状，实践团开启了实地调研“三部曲”。第一步，了解我国当前农业温室的发展现状以及发展过程中的痛点问题，思考如何能推进农业现代化并给出农业种植方面的碳减排思路。第二步，针对当前光伏温室的短板、针对不同光热需求，设计建造满足特定地区、特定作物生长的新型光伏温室。第三步，调研新能源智慧园区，将团队设计的新型钙钛矿太阳能电池和智慧控制系统应用到所设计的新型光伏温室上，实现新型光伏与温室有机结合，优势互补，高效利用资源，加快我国“双碳”目标的实现。

（三）技术转化——发现问题、解决问题

经过前期的理论学习、实地调研，实践团成员分工合作，针对特定地区农业温室的需求，提出最优的智慧光伏温室设计方案。团队采用自主研发的先进新型半透明钙钛矿薄膜电池，具有高效率、低成本、透光率可调、轻薄等优点，并同时给出适用的智慧控制系统，包括但不限于绿色能源供应系统、智慧零碳储能系统、作物种植系统、中央控制系统、备用电源系统以及其他系统。经计算，所设计的智慧光伏温室中，每使用1兆瓦的光伏，每年可节省405—630吨标准煤，减排1036—1600吨二氧化碳、9.7—15.0吨二氧化硫、2.8—4.4吨氮氧化物，能够助力实现清洁低碳发展。

将先进光伏技术与设施农业有机结合，为农业现代化发展提供智慧方案，让智慧光伏温室实现“一光多用、一地多用、综合开发、多产融合”。未来的新型光伏温室需要切实做到农光互补、不占耕地，提升资源与能源利用率；增加太阳能在能源供给中比重，能够促进能源转型升级，推动低碳农业发展。通过此次社会实践，实践团成员深刻地意识到，绿色电力消费的供需两侧都发生了显著变化，绿电时代即将来临。农业领域加快转向绿色低碳发展模式，增绿减碳行动进一步深入，也为产业升级打开了一条新赛道。书写高质量发展绿色答卷，每个人都是实践者。实践团成员将会继续迸发华电学子的青春力量，推进人与自然和谐共生，助力实现“双碳”目标！

二、实践亮点

第一，实践团选择的调研地点先进而具有代表性且所有成员身体力行参与所有实地调研。

地点1——农业温室：北京万德园农业科技发展有限公司国际草莓种苗基地。已获“中国良好农业”“绿色食品证书”等荣誉，是草莓行业的领头羊。实践团成员在此参与了草莓苗的播种、换土，详细了解了适宜草莓苗生长的环境条件以及大棚的用电设备、控制系统。

地点2——光伏温室：金风科技可再生能源“碳中和”智慧园区。金风科技将清洁能源与数字化技术深度融合，积极构建面向新型电力系统的零碳解决方案，在源、网、储、荷各能源环节进行优化和再造。实践团成员在此认真学习园区“零碳”智能微网系统解决方案，与研发人员热切探讨方案的可行之处与不足之处。

地点3——光伏温室：英利能源发展有限公司零碳研究院。在节能环保领域输出多项关键技术成果，处于国内领先水平。参与制定光伏行业首个清洁生产评价指标体系。实践团成员在生产车间参与了组装光伏电池，并完成光伏电池的性能测试。

地点4——新能源智慧园区：中电农创谷低碳产业生态园。

以新型光伏农场模式为切入点，在设施园内实现智慧能源三网深度融合，打造“双碳”助力乡村振兴典型样板。实践团成员在此学习综合智慧能源管控平台、新型光伏农场模式，向技术人员讨教羊肚菌的种植模式。

第二，实践团成员分工合作，在指导老师的带领下，通过设计、实验得到新型智慧光伏温室方案。新型光伏与温室有机结合，优势互补，高效利用资源。

可为现有温室种植农户升级改造，也可为土地种植农户设计建造新型光伏温室，“充足阳光 + 性价比发电 = 高产、高收益、低成本”。新型钙钛矿光伏效率高、成本低，且半透明电池辅以动态排布不影响植物吸光，通过供电保证温室环境适宜，从而提高农产品产量，提升农民收益率。智慧控制系统实时监测作物状况，自主调节空气、土壤、温度环境，种植、补光等一键自动解决。

新型智慧光伏温室方案可以针对特定地区农业温室的需求灵活变化，所以此方案可复制、可推广、能实际应用。

三、实践成果

为践行国家“双碳”战略并助力农业现代化发展，华北电力大学“双碳”青年实践团——耕新拾光团，通过理论学习、实地调研、技术转化等方式深入调研尚处于发展初期的光伏温室，发现光伏竞争等痛点问题，将掌握的新型半透明光伏与能源微网技术相结合，提出一种新型智慧光伏温室的优化解决方案。

（一）调研传统农业温室，了解运营模式，掌握农户迫切需求

团队前往北京万德园农业科技发展有限公司的草莓育苗基地等温室大棚进行调研。在与农户的交流中，团队了解到90亩的草莓大棚主要用能需求为冬季供暖，电费高达近3万元/月。同时发现温室智能化程度差，温室控制设备基本弃用，农活全部由人工完成。团队认识到，温室种植不仅需要低成本的用能方式，还需要农户操作友好的智能控制系统。

（二）调研光伏行业龙头，深入国家重点实验室学习，构思光伏温室可行方案

团队前往河北省英利集团，了解了太阳电池组件、光伏绿色建材等先进光伏产品，参观了光伏材料与技术国家重点实验室。通过对光伏龙头企业产业链的参观，团队充分认识了目前市场上太阳电池的“光伏+多场景”应用模式，以及构思实验室研发阶段的新型钙钛矿太阳电池与农业温室相结合应用的可行方案。

（三）调研光伏温室示范，参观智慧农业园区，学习“零碳”经验

实践团队先后前往金风科技可再生能源“碳中和”智慧园区和中电农创谷——低碳产业生态园高科技农业展示区进行学习交流。金风园区配备了4.8兆瓦的风电和1.39兆瓦分布式光伏以及多种储能装置，并加载了综合能源管理系统和“零碳”智能微网系统，实现清洁能源电量占比33%且年度碳减排4300吨。中电农创谷积极推进“农光互补”模式，将能源低碳转型与高科技农业紧密结合，园区光伏大棚面积达千亩，棚内智能设施占比高，光伏发电为空气设备、补光灯、空调等高功率电器提供电能，给出了40万元/棚收入的羊肚菌、蓝莓等光伏温室种植方案。

（四）针对农业温室用户痛点问题，提出新型智慧光伏温室解决方案

团队根据传统光伏温室存在“成本高”“操作难”“光竞争”等发展难题，提出了一种以钙钛矿太阳电池为发电装置的新型智慧光伏温室。光伏温室覆盖半透明钙钛矿电池并配备智慧控制系统，对温室内温湿度、光照、氧气、二氧化碳等指数进行监测与调节，不仅能提供电力供应还能实现最少的光损失，保证作物正常生长。估算每1兆瓦新型光伏温室，每年发出绿色电力约130万千瓦时，可供400户家庭用电一年，并可每年减排1000—1600吨二氧化碳。

实践团提出了一种新型智慧光伏温室方案，实现新型光伏与温室有机结合，优势互补、高效利用资源，为农户增产、增收提供了可能，加快我国“双碳”目标的实现。

附　　录

社会实践介绍信

社会实践介绍信存根

（20　）团字第号

姓名：　　　　性别：　　　　系别：　　　　班级：

拟到何地何单位进行社会实践：

有效期：20　年　月　日至20　年　月　日止

华北电力大学学生社会实践介绍信

（20　）团字第号

现介绍我校同学等人，前往贵单位进行社会实践活动，望予接洽为盼。

感谢对我们工作的支持！

20　年　月　日

（有效期内配合学生证使用，过期或无学生证无效
有效期：20　年　月　日至20　年　月　日止）

华北电力大学学生社会实践活动登记表

姓名		系别		班级	
社会实践内容、主题					
社会实践时间、地点					
活动情况摘要报告（详细报告附后）					
接受单位团组织或有关部门评价意见					
所在院系团组织评价意见					
校团委评价意见					

暑期实践安全承诺书

为增强学生安全观念，提高安全意识，确保实践队员在暑假期间圆满完成社会实践活动，使安全工作落到实处，现要求获得此次活动立项资格的实践团队及指导教师签订安全责任书。

一、学生安全责任

1. 要严格遵守国家法律法规，不得有任何违法违纪行为。

2. 尊重实践地民族、民俗习惯。

3. 实践过程要注意防窃、防交通事故、防意外伤害；不得单独出行，不得到险要地带游玩；严禁到水库塘坝等地游泳；注意饮食卫生。

4. 要加强组织纪律观念，严格遵守实践团队的组织纪律，不得擅自行动。

5. 实践过程中，团队成员要互爱互助，团结协作。

6. 保持与实践团队指导教师的联系，必须每天向指导教师汇报团队的情况，保证指导教师随时掌握实践团队的进程动向。

7. 实践期间，出现意外事件应及时与有关救援部门联系，并在第一时间向指导教师和所在院系汇报。

二、指导教师安全责任

1. 认真指导学生制定实践计划，教育学生增强安全意识。

2. 密切关注学生的实践过程，及时解答学生在实践过程中遇到的困惑。

3. 及时处理学生在实践过程中发生的意外事件，并在第一时间报告我校相关部门。

三、其他事宜

此责任书正反面打印在一张 A4 纸上，一式四份，校团委、各学院团委、指导教师和实践团队负责人各执一份（自主组队实践团由校团委、指导教师、实践团队负责人各执一份）。

此责任书的有效期为 20 __年__月__日（实践开始日期）至 20 __年__月__日（实践截止日期）。

我同意以上规定，并保证在实践过程中严格遵守，凡因违反上述规定产生的一切后果由我本人负责。

指导教师签字：

实践团队负责人签字：

实践团队成员签字：

20××年××月××日

社会实践活动日志

记录人：

<table>
<tr><td rowspan="2">实践参与成员</td><td rowspan="2"></td><td>实践时间</td><td></td></tr>
<tr><td>实践地点</td><td></td></tr>
<tr><td>实践内容记录</td><td colspan="3"></td></tr>
<tr><td>实践感悟</td><td colspan="3"></td></tr>
</table>

社会实践调查问卷模板

精准扶贫社会实践调查问卷

感谢您能抽出几分钟时间来参加本次答题！

您的职业是：

□学生

□农民

□职员

□退休或无职业

□其他

您对“精准扶贫，脱贫攻坚”政策有了解吗？

□没听过，不了解

□听过一点，了解不多

□完全了解

你知道以下哪些是“精准扶贫，脱贫攻坚”所采取的措施？

□国家助学金

□低保

□合作医疗

□九年义务教育

□农村造福工程

□其他

根据所了解的情况，你认为现阶段“精准扶贫，脱贫攻坚”工作的成效如何？

□效果很好，经济有明显改善

□效果一般，略有改善

□效果略差，工作仍需完善

□不了解

你认为“精准扶贫，脱贫攻坚”政策应该在哪些方面做改变？

□基础设施方面

□教育方面

□就业岗位方面

□生态环境方面

□农村危房改造方面

社会实践访谈提纲模板

精准扶贫社会实践座谈访谈提纲

一、与县直部门负责人座谈访谈提纲

1. 你单位在全县脱贫攻坚工作中承担了什么职责？是如何部署和落实的？

2. 为推进全县脱贫攻坚工作，你单位制定了什么政策？出台了什么措施？实施了什么项目？开展了什么工作？请介绍一下这些政策、措施、项目和工作的实施与推进方式。

3. 你单位落实脱贫攻坚任务的成效如何？遇到了什么困难和问题？你们是怎么解决的？

4. 你单位有没有承担贫困村驻村帮扶和贫困户结对帮扶任务？如果承担了是怎样落实的？取得了什么效果？

5. 你认为全县脱贫攻坚目前面临的困难和存在的问题是什么？应该如何解决？

6. 你认为你单位所在行业的扶贫政策还有什么需要改进的地方？有什么意见和建议？

二、与乡村干部负责人座谈访谈提纲

1. 请介绍一下全乡（村）的贫困状况，包括贫困人口、户和村的数量与比例，以及主要致贫原因和面临的主要难题等。

2. 请介绍一下全乡（村）20××年贫困人口、贫困户和贫困村退出的情况，以及基础设施和公共服务改善的情况。

3. 请介绍一下乡（村）里20××年贫困识别退出动态调整工作的开展情况。程序和标准是什么？遇到了什么困难？你们是怎么解决的？

4. 乡（村）里20××年实施了哪些扶贫政策和项目？资金是如何筹集、安排和使用的？政策怎么落实的？项目怎么实施的？群众是怎么参与的？有没有公示过？

5. 乡（村）里脱贫攻坚还有什么问题和困难？你们打算怎么解决？还需要哪些方面的支持？

6. 你觉得上级制定的扶贫政策和项目还有哪些需要改进的地方？你有什么建议？

7. 驻乡（村）第一书记和驻村工作队发挥了什么作用？效果怎么样？对于改进他们的工作，你有什么建议？

8. 全乡（村）结对帮扶单位在20××年做了哪些工作？提供了哪些帮助？效果如何？哪些地方需要改进？

9. 对中央、省、地（市）、县的扶贫政策你有什么看法？你认为应该如何改进？

三、与驻村第一书记和驻村工作队成员座谈访谈提纲

1. 请介绍一下帮扶村的基本情况，包括贫困现状、致贫原因、生产就业、教育卫生、产业发展、基础设施建设等方面，特别是“两不愁三保障”实现情况。

2. 你的帮扶村在20××年实施过哪些扶贫政策和项目？这些政策和项目是怎样实施的？

3. 在驻村帮扶中，你们做了哪些工作？怎么开展的？效果如何？

4. 村里建档立卡识别退出标准和程序是什么？具体是怎么操作的？

5. 在驻村帮扶中，遇到的主要困难是什么？你是怎么解决的？

6. 你的帮扶村脱贫退出还需要哪些帮助？打算如何解决？

7. 省市县对驻村第一书记和驻村工作队有哪些管理、支持和服务措施？落实的情况如何？你有什么建议？

8. 你自己所在单位对驻村第一书记和驻村工作队有哪些管理、支持和服务措施？落实的情况如何？你有什么建议？

四、与贫困户结对帮扶人座谈访谈提纲

1. 请介绍一下你帮扶的贫困户家庭基本情况，如贫困现状、致贫原因、生产就业、教育卫生等方面，特别是“两不愁三保障”实现情况。

2. 你帮扶的贫困户在20××年享受过什么扶贫政策和项目支持？这些政策和项目是如何实施的？

3. 在帮扶中，你提供了哪些帮扶？怎么落实的？效果怎么样？

4. 在帮扶过程中，你遇到的主要困难是什么？你是怎么解决的？

5. 你的帮扶户脱贫退出还需要哪些帮助？你打算如何解决？

社会实践访谈记录模板

<table>
<tr><td rowspan="4">访谈对象简介</td><td>姓名</td><td></td><td>性别</td><td></td></tr>
<tr><td>年龄</td><td></td><td>学历</td><td></td></tr>
<tr><td>单位</td><td></td><td>编号</td><td></td></tr>
<tr><td>其他信息</td><td colspan="3"></td></tr>
<tr><td colspan="2">记录人</td><td></td><td>记录时间</td><td></td></tr>
<tr><td colspan="2">采访地点</td><td colspan="3"></td></tr>
<tr><td colspan="2">关键词</td><td colspan="3"></td></tr>
<tr><td colspan="2">采访内容</td><td colspan="3"></td></tr>
</table>

参考文献

1. 刘萍：《伟大建党精神融入大学生思想政治教育的现实考量》，《学校党建与思想教育》2021 年第 19 期。

2. 杨茜：《大学生思政教育中乡村精准扶贫社会实践探索》，《核农学报》2021 年第 9 期。

3. 贾瑞：《高校思想政治教育中大学生社会实践路径研究》，西安工业大学 2021 年硕士学位论文。

4. 王振杰：《论特色社会实践对大学生价值观的塑造》，《教育理论与实践》2021 年第 15 期。

5. 苌宇慧：《新时代高校思想政治教育实践育人问题研究》，兰州大学 2021 年硕士学位论文。

6. 徐冰鸥、孟燕丽：《关于大学生实践能力提升的思考》，《教育理论与实践》2019 年第 33 期。

7. 郭彤梅、杨婕筠、甄珠、刘彦华、丁善芹、侯绍江：《社会实践在大学生角色社会化中的功能分析》，《教育理论与实践》2019 年第 27 期。

8. 李一楠：《以红色社会实践活动推进大学生社会主义核心价值观教育的理性审视》，《思想理论教育导刊》2019 年第 2 期。

9. 华秀梅、罗本琦：《大学生社会实践成果“回归”理论课堂——高校思想政治理论课理论教学与实践教学良性循环的一种模式》，《思想理论教育导刊》2018 年第 10 期。

10. 杨涛：《群众路线下的高校学生社会实践路径探索》，《学校党建与思想教育》2018 年第 15 期。

11. 陈发祥、檀江林、黄志斌：《高校思想政治理论课实践教学与大学生社会实践的统筹模式探索》，《思想理论教育导刊》2018 年第 7 期。

12. 洪晓畅、郑传娟、李鲁静：《大学生社会实践活动的思想政治教育功能优化策略研究》，《思想教育研究》2018 年第 6 期。

13. 呼和：《大学生社会实践育人机理及运行机制研究》，北京科技大学 2018 年博士学位论文。

14. 王宇超：《大学生社会实践管理机制研究》，上海师范大学 2018 年硕士学位论文。

15. 葛士新：《大学生社会实践选题的统筹研究》，合肥工业大学 2018 年硕士学位论文。

16. 黄俊鹏：《大学生社会实践活动机制构建探究》，《学校党建与思想教育》2018 年第 6 期。

17. 梁博通：《基于 CIPP 模型的大学生社会实践育人成效评价体系研究》，华北电力大学 2018 年硕士学位论文。

18. 呼和、齐斯琴：《试论大学生社会实践有效激励机制的构建》，《学校党建与思想教育》2018 年第 3 期。

19. 文大稷：《改革开放以来大学生实践教育的基本经验探究》，《思想教育研究》2018 年第 1 期。

20. 李保强：《大学生社会实践活动不能“走形式”》，《人民论坛》2018 年第 1 期。

21. 马振清：《警惕“变质”的大学生社会实践》，《人民论坛》2018 年第 1 期。

22. 肖亚辉：《马克思主义实践观视域下大学生社会实践有效性研究》，合肥工业大学 2017 年硕士学位论文。

23. 张金辉、梁博通：《基于 CIPP 模型的大学生社会实践育人成效评价体系研究》，《学校党建与思想教育》2017 年第 16 期。

24. 刘丽萍：《社会实践教学与大学生综合能力培养》，《实验室研究与探索》2017 年第 4 期。

25. 孙丽：《大学生时期社会实践现状、问题及对策研究》，南京师范大学 2017 年硕士学位论文。

26. 宋伟、张德祥：《发挥高校培育社会主义核心价值观的重要作用》，《中国高等教育》2017 年第 2 期。

27. 杜兰晓、陈立群：《“互联网 +”背景下优化大学生实践教育的现实理路》，《学校党建与思想教育》2017 年第 1 期。

28. 檀江林、郑晴晴：《理念、内容、机制：“多元互动式”大学生社会实践模式构建》，《教育探索》2016 年第 11 期。

29. 张向前：《以社会主义核心价值观引领大学生健全人格培育》，《学校党建与思想教育》2016 年第 16 期。

30. 姚建军、师蔷薇：《大学生社会实践存在的问题及破解思路》，《思想理论教育导刊》2016 年第 3 期。

31. 戴钢书等：《高校思想政治理论课实践教学论》，中国人民大学出版社 2015 年版。

32. 陈仁杰：《突出实践主线提高育人水平》，《光明日报》2012 年 6 月 22 日。

后　　记

大学生社会实践因其广泛的适用性和指导性，逐渐成为大学教育中的重要环节，在大学生成长、学习、择业的过程中起到越发重要的作用。20 多年来，大学生社会实践通过一代代学生、老师的迭代优化，理论体系逐渐丰满、实践方法不断完善，取得了很多成绩。同时，伴随着时代发展和大学生思维变化，社会实践的理论与实践也要作出相应的调整。为了对大学生社会实践进行更加全面的指导，让社会实践汲取过往经验，摆脱发展瓶颈，更加符合大学生实际需要，契合社会发展现状，我们依托教育部高校思想政治工作精品项目“‘绿色电力’新能源科技教育扶贫服务行动”，在华北电力大学已有社会实践工作的基础上，与兄弟高校社会实践负责同志深入沟通，参考了大量学术论文、研究专著，与社会实践团队成员、社会实践对接单位人员、社会实践指导教师等有关角色进行深入访谈，整合相关理论经验，从社会实践的背景意义、社会实践的筹备、社会实践的开展、社会实践的评比出发，以通俗简短的语言编写此书，努力创作一本理论结合实际的，大学生想读、能用、有用的社会实践指导用书，助推我国大学生社会实践事业发展。

本书是一本结合理论与实践、经验与思考的大学生社会实践指导用书。由于相关领域的知识架构还不够完善，经验理论还不够充分，编者的工作经验和学术见解也不够全面，编写时间仓促，难免有瑕疵不当、疏漏不足，恳请专家学者与读者批评斧正。

图书在版编目（CIP）数据

新时代大学生社会实践活动指南 / 姜良杰主编.
北京：时事出版社，2025. 3. -- ISBN 978-7-5195-0649-0

Ⅰ. G642.45-62

中国国家版本馆 CIP 数据核字第 2024XG9207 号

出版发行：时事出版社
地　　址：北京市海淀区彰化路 138 号西荣阁 B 座 G2 层
邮　　编：100097
发行热线：（010）88869831　88869832
传　　真：（010）88869875
电子邮箱：shishichubanshe@sina.com
印　　刷：北京良义印刷科技有限公司

开本：787×1092　1/16　印张：14.75　字数：178 千字
2025 年 3 月第 1 版　2025 年 3 月第 1 次印刷
定价：130.00 元